ÓCIO, CULPA E EXISTÊNCIA

UMA TRAGÉDIA JUDAICO-CRISTÃ

SATTVA EDITORA

contato@sattvaeditora.com.br
www.sattvaeditora.com.br

Editora: **Vivian Lerner**

Revisão: **Olenka Franco**

Projeto gráfico, diagramação e capa: **Luiz Zonzini**

Tradução diretamente do grego moderno e antigo pelo autor

Salis, Viktor D.
Ócio, culpa e existência - São Paulo : Sattva Editora, 2018.

ISBN 9788567977324

1. Mitologia 2. Judaismo 3. Psicologia I. Título.

CDD – 158.1

VIKTOR D. SALIS

ÓCIO, CULPA E EXISTÊNCIA

UMA TRAGÉDIA JUDAICO-CRISTÃ

SATTVA EDITORA

2018

1ª edição

DEDICATÓRIA

Dedico esta obra a minha querida e
saudosa mãe, Elza, que me ensinou, com
tanta sabedoria, a viver com arte, coragem
e dignidade, encarando a culpa como algo
a reparar e jamais como algo a castigar.

AGRADECIMENTO

Esta obra teve a inestimável colaboração do querido discípulo José Adolfo Novato da Silva para a sua organização e elaboração final.

Este livro contou com o patrocínio
do Espaço Vida Mônica Marchett.
Um espaço de autoconhecimento dedicado ao resgate
da dignidade humana - a quem o autor muito agradece.

www.espacovidamonicamarchett.com.br

ESPAÇO VIDA MÔNICA MARCHETT

COROLÁRIO DA CULPA DE EXISTIR

Não me perguntaram se queria nascer
Não me perguntaram se queria morrer
Não me perguntaram se queria ser humano
Não me perguntaram se queria:
Viver neste século
Viver neste país
Nem neste planeta
Nem nascer destes pais
Não me perguntaram se queria:
Casar
Ter filhos
Trabalhar
Ter contas a pagar
Ficar doente
Finalmente, não me perguntaram:
Se queria ser culpado sem saber
Saber o que?

APRESENTAÇÃO

Este livro tomou-me dezesseis anos de pesquisas e interrogações.

Mais ainda, foram necessários outros tantos para me livrar da culpa judaico-cristã.

Não sei se consegui, mas continuo lutando por esta libertação.

E espero que, através desta pequena obra, vocês também continuem lutando.

ÍNDICE

PRÓLOGO:

DA MORTE DAS SOCIEDADES MÍTICO-ERÓTICAS À ASCENSÃO DAS MERCANTILISTAS-CONSUMISTAS ATÉ O SÉC. XXI

Tive o privilégio de aprender e estudar com Joseph Campbell e com Mircea Eliade. Fui aluno deles há muitos anos e esta expressão que vou usar – "morte das sociedades mítico-eróticas" – está na obra "História das Crenças e Religiões", de Mircea Eliade. Era um tema central nas grandes sessões que tínhamos, naquelas aulas magnas da Sorbonne. Eram mais de quinhentos alunos, todos chegando às sete horas da manhã, sendo que começava às nove. Havia monstros sagrados como Jean Piaget, Jacques Lacan, Foucault e outros. A sala, com todos fumando, podem imaginar como era! Havia até uma neblina atrapalhando a visão. E os mestres também, com charuto e toda a pompa. Eu me lembro dessas aulas fantásticas e em uma delas, ouvi essa figura emblemática, Joseph Campbell, falar sobre a morte, sobre o que caracteriza uma sociedade mítico-erótica e o que caracteriza as culturas atuais, que ele chamava de sociedades mercantilistas. Consumistas é acréscimo meu, por ser um termo mais moderno, mas ele chamava a atenção para o termo mercantilismo mesmo. Ele, inclusive, usava algumas metáforas muito interessantes. Algumas palestras foram em Salzburg, por onde passa o rio Reno. E Campbell falava assim: "Para cá do Reno, estamos nós. É um planeta. Para lá do Reno, é outro planeta."

As sociedades mítico-eróticas, por acaso, estão no planeta Terra, mas não têm nada a ver conosco. São sociedades não consumistas, voltadas para a paixão e para a arte de viver. Aos nossos olhos, são sociedades vagabundas, porque acham o trabalho em excesso uma idiotice. Pensam como os nossos índios, com sua inteligência, pois acham que é perda de tempo trabalhar mais do que o necessário.

Falo, nos meus livros, sobre a distinção entre duas palavras que, nas línguas latinas, desapareceram. A palavra "trabalho", que vem de *tripalium*, e, como sabemos, é um instrumento romano de tortura, utilizado para forçar ao trabalho. Era para ser usado com os escravos desobedientes para que ficassem mais dóceis. Em grego, temos duas palavras para trabalho: *erga* – que ficou na nossa língua como uma variante – e *duleia*, que praticamente desapareceu na nossa língua. Mas por que duas palavras para a mesma coisa? Porque não é a mesma coisa! A palavra "trabalho" para o pensamento grego se traduz mais aproximadamente pela palavra *duleia*, daí vem *doulos*, que é servo, em grego, servidão. No grego moderno, temos as duas palavras usadas indistintamente, tendo perdido seu significado original.

E por que *erga*? Identifica-se essa raiz em demiurgo, ergonomia. Demiurgo é Deus, ou seja, a palavra está relacionada ao trabalho criador. A palavra *erga*, em grego, significa o trabalho voltado para a realização de si mesmo, dos seus talentos, sem finalidade lucrativa. Esse é o ponto. Mas, mesmo assim, até o século V a.C., as sociedades arcaicas gregas dedicavam uma parte da vida (uma pequena parte, aliás, normalmente das dez às quatorze horas, porque não gostavam de acordar cedo, graças a Deus!), para ir à Ágora levar suas azeitonas, sua lã etc., para fazer o escambo (nessa época, ainda não havia a moeda). A partir daí eles voltavam para casa, descansavam (claro! Já cansou muito ficar das dez às quatorze), para irem aos simpósios, à noite, a fim de discutirem sobre a arte de viver e amar. Isso é fundamental. Imaginem! Era muito mais importante falar disso! Eram mais inteligentes; não viam "Big Brother", não perdiam tempo com televisão. Passavam a noite discutindo sobre a sua missão, o seu sentido, como vemos em "O Simpósio" de Platão. Escrevi um livro justamente sobre essa arte relacionada ao Eros Sacro. O que é esse Eros? Como vamos praticá-lo? Sim, o Eros abarca a sexualidade. Vamos praticá-lo por meio da sexualidade também, mas trata-se de um Eros elevado, que devemos celebrar, sim – em oposição ao Eros vulgar.

Enquanto eu ouvia essas lições embevecido e embalado nas palavras de Joseph Campbell e Mircea Eliade, pensava: "Nossa, como somos trogloditas! E eu, que me achava civilizado, trabalho como um cavalo e acho que isso é que é viver!" E ainda: "Que idiota sou! Imaginem! Não é para trabalhar desse jeito!" Eles viviam muito bem, trabalhando pouco e se dedicando ao ócio criador. Pausânias, em pleno século II d.C., escreveu uma obra prima, infelizmente nunca traduzida para a nossa língua, não sei por quê: "Descrição da Grécia".

Quando ele passou por Atenas, no século II d.C., quer dizer, setecentos anos depois da derrocada que ocorreu a partir do século V a.C. (ainda estava lá o Parthenon, com todo o seu brilho), fez uma descrição lindíssima. Ele escreve: "Pois é! Mas isso está vazio! Houve um tempo em que nesta cidade havia mais estátuas do que homens, havia mais filosofia do que homens. O que aconteceu? Como foi que isso desapareceu? E, hoje, esta cidade não tem senão fantasmas". Bom, do século V a.C. até o século II d.C., a população de Atenas, que era de aproximadamente 300 mil pessoas, caiu para 8 mil. A cidade virou um vilarejo. Os monumentos estavam lá, mas não eram mais nem sombra do seu brilho. A Paideia desapareceu, as academias foram fechadas por influência romana e, depois, pela Igreja. Os Jogos Olímpicos foram condenados e assim por diante. Ele pergunta: "O que aconteceu? Como era possível ter mais estátuas do que homens, mais filosofia do que homens, mais matemática do que homens?". E ele mesmo responde: "Foi a Paideia. Foi a arte de construir homens 'obra de arte'. Um lugar onde qualquer um deveria ser uma obra de arte a partir de seu Eros e talentos".

Notem que interessante essa concepção de Eros. Estamos tão acostumados com a ideia de "eros" como "sacanagem", que sequer passa pela nossa cabeça que Eros seja um elemento sacro no pensamento arcaico. Existe um Eros vulgar, mas esse Eros de que falo significa a paixão de viver. Encontrar essa paixão de si a partir de si. Vem de Teócrito a definição de que "cumprir o seu destino nada mais é do que você se tornar cada vez mais você mesmo, a partir do melhor e do conhecimento de si mesmo". Pensamento que Sócrates haverá de desenvolver brilhantemente no "conhece-te a ti mesmo" como a única possibilidade da construção do ser. Esta era uma sociedade erótica, movida a Eros, movida a paixão de viver. Tanto é que uma palavra cuja etimologia não tem mais seu significado original é fundamental no pensamento arcaico. Esta palavra é "entusiasmo", que significa "o deus que adentra e que se faz expressar". *En* – adentra; *theos* – deus; *asmos* – que se expressa.

Essa é a cultura da civilização erótica por excelência. Ela se recria no entusiasmo. Por isso que a revelação das musas é tão essencial no pensamento arcaico. Até hoje falamos "minha musa inspiradora"! Mas "minha musa inspiradora" nada mais é do que um elemento mágico, mítico, religioso para eles, que é a revelação de si através daquilo que se tem de melhor guardado no seu interior. E quem é esse "tal" que está aí dentro do interior revelado? Que nome se dava a isso? *Daimon*! Conceito que a nossa cultura judaico-cristã demonizou! O gênio imortal que nos habita, a energia que fica fervendo dentro de nós e que nos leva a cumprir ou trair nosso destino. Como dizia Hipócrates: "Quem não se entrega a Eros, adoece." Vejam que conceito psicossomático avançado! No século VI a.C., já se dizia que quem não cultiva Eros, quem se desvia de seu destino – isso está nas tabuletas do centro de cura de Epidauro – há de adoecer.

A perda de Eros talvez seja a marca registrada das sociedades mercantilistas da atualidade. Por mais que façamos observações interessantes e divertidas sobre o problema da traição, do sadomasoquismo – muito oportuno, por sinal –, existe um tom condenatório por trás de tudo isso. O que existe é uma cultura da culpa, o que foi muito bem observado por Freud. Nosso erotismo está muito longe de uma sociedade erótica vivida por paixão. No máximo, escolhemos fazer alguma faculdade porque temos atração pelo assunto, seja a psicologia, seja a arquitetura, tanto faz. Digo "no máximo" porque nossa vida é de burro de carga. É para trabalhar muito, para ter cartão de crédito que depois estoura e não dá para pagar. É isso a nossa vida. Não importa a profissão, não existe muita paixão. Aliás, se alguém perguntar a você: "Como vai? Como está a vida? Trabalhando muito?" Se você responder "Não, por que?", irão certamente pensar: "O que é isso? Vagabundo, como ousas?" E vocês sabem que a palavra "vagabundo" vem do latim *vaga mundus*, que queria dizer "aquele que peregrinava (vagava) pelo mundo". Essa é uma das transformações mais importantes ocorridas na passagem do período romano para a Idade Média, que deu origem à expressão "negador do ócio" (*negum otium*), o negociante, que vivia nos burgos. O negador do ócio é o negociante. Então, o negócio é trabalhar! Não se pode ter, de jeito nenhum, tempo de sobra. Imagina se alguém irá confessar que gosta de acordar às onze horas da manhã? Não se fala isso!

Somos uma sociedade da culpa que não consegue entender uma sociedade assim. Como Joseph Campbell gostava de dizer: "Eles eram vagabundos aos nossos olhos, mas apreciavam a arte de viver. E a arte de viver movida a paixão." Eles eram antiprodutivos e esse é um palavrão. A produtividade era mal vista e a criação é muito bem vista pelos antigos. Por isso a palavra "ócio", que tanto se deturpou na língua moderna, foi associada a lazer, o que, obviamente, não tem nada a ver, pois são palavras totalmente distintas. Ócio, em grego, é *psicagogia* – condução da psiquê. É a segunda etapa da Paideia. É o famoso "conhece-te a ti mesmo" socrático. A primeira etapa é a *Pedagogia*, que é o meio pelo qual o indivíduo é formado para a ética e para a coragem de ser verdadeiro (nada a ver com a pedagogia de hoje). Como Sócrates dizia: "Para o conhecimento temos a vida toda, mas para aprender a mentir e se acovardar, basta pouquíssimo tempo. E uma vez instaladas a covardia e a mentira, nunca mais se as extirpa".

É a falácia e a estupidez da educação de hoje, que é somente voltada para o conhecimento, algo que sozinho é de pouca utilidade para formar um homem ético e criador. Nunca o conhecimento formou um homem. Existem doutores formados em muitos cursos e que podem ser safados do mesmo jeito. O fato de alguém ter doutorado não lhe tira a safadeza; ao contrário, agrava o processo. A postura ética, a coragem de ser verdadeiro e a dignidade, tudo isso pode estar em uma pessoa analfabeta.

É de outra postura pedagógica e de outra formação que precisamos e que esquecemos. Estamos buscando a construção de um homem produtivo a qualquer custo e que é frequentemente antiético! Isso é o mercantilismo, ou seja, fazemos da vida um mercado. Essa seria a sua mais simples tradução, sendo o consumismo uma consequência natural.

As sociedades mítico-eróticas têm Eros desempenhando um papel dionisíaco por excelência. Michel Maffesoli, com quem também tive a honra de ter algumas aulas, publicou um livro brilhante: "A sombra de Dionísio: contribuições para uma sociologia da orgia". É uma obra-prima que nos mostra o que é o verdadeiro ato social, que ele denomina de societal. Isto é o nascimento da relação humana verdadeira entre o eu e o outro, na qual não se coloca ninguém na mesa para servir de banquete, pois a mesa é um local sagrado para a divisão do que tenho com o outro. Isso é o nascimento da civilidade por excelência, pois aqui reside a ideia de repartir. É o tema do bode expiatório, no qual alguém deverá morrer – sem merecer – para que eu dele me alimente e possa viver – também sem merecer. Ou seja, sentar-me ao lado de alguém na mesa para dividir – e se possível não colocar a morte na mesa, ou colocar o mínimo dela – é a civilidade suprema, a superação do bode expiatório. Quer dizer, aprendo a ter o outro como alguém com quem divido e não como alguém para eu me apoderar e devorar em lauto banquete. Como se pode perceber, não estamos tão evoluídos assim. Gosto de dizer para meus alunos que nós, em matéria de tecnologia eletrônica e mecânica, somos nota dez, mas, em termos de tecnologia humana, a nota é zero.

Como praticar essa arte do erótico? A sexualidade é muito importante, sim, mas Eros vai muito além. Ele provoca a mim e ao outro e assim preciso do outro, pois sem ele não posso existir. Ou, como disse Simone de Beauvoir, em "O segundo sexo", em um dos seus momentos brilhantes, no momento em que um personagem adentra um teatro vazio: "É preciso que o outro apareça para que eu comece a existir".

Dessa maneira, esse ato dionisíaco funda o Eros primordial, que nos leva a não prescindir do outro. Uma das sacadas geniais de Nietzsche foi afirmar que a grande diferença (e Freud, depois, tomou emprestado o conceito, pela porta dos fundos, nessa questão da escolha objetal) dos antigos gregos para nós é que eles não cultuavam o objeto (a escolha objetal em linguagem psicanalítica), mas o instinto. O que quer dizer isso? Simples! Importa que você tenha Eros, importa que você dirija seu Eros para o mundo. Bem fenomenológico, não é? E não importa para quem, nem como. Nossa cultura judaico-cristã e islâmica é cheia de preconceitos – lamento informar – e diz: "Você é...", "Isso pode", "Aquilo é proibido", "Esse não", "Desse jeito é traição." É um festival tão grande de regras, do que pode e do que não pode, que chegamos a um extremo de culpa e condenação.

Somos uma sociedade da culpa e ainda devemos explicações históricas (o próprio Freud nos deve muitas explicações) de como uma sociedade não só se libertou, mas também cultivou o erotismo, elevando-o à categoria do sagrado, e evoluiu por meio do erotismo e não por meio da culpa? E nós, ao reprimi-lo, achamos ser esse o único meio de sermos civilizados. Isso está na última obra de Freud, "O mal estar da civilização."

É claro que existe uma falácia na pretensa liberação sexual da modernidade, pois "soltar a franga", como estão fazendo hoje, não vai levar a nada e somente irá fabricar malucos e drogados. Sabemos disso. Somente a repressão *per se* de modo algum constrói uma civilização. A Alemanha é a melhor prova disso com o nazismo. Toda aquela "perfeição maravilhosa" explodiu na violência bárbara da Primeira e da Segunda Guerra. Então, qual é a chave para a construção da verdadeira civilidade? Educar o instinto! Qual é a burrada? Educar a razão!

O modelo iluminista foi uma reação à Igreja fanática, que acabou tornando-se um fanatismo do racionalismo e tem dirigido nossa cultura e nos levado ao desastre da civilização consumista e mercantilista. Abrimos mão de Eros como tal e, principalmente – agora vem a segunda parte –, abrimos mão do mito. Somos uma desconstrução do mito. Aliás, é por isso que nossos consultórios psicoterápicos estão cheios. As pessoas buscam na psicoterapia arrancar um pouquinho dos mitos que ainda lhes sobram, uma vez que na vida cotidiana isso lhes foi proibido. Se alguém cultiva alguns sonhos, logo dizem: "Esse cara é esquisito, é exótico, é maluco" e outros adjetivos menos lisonjeiros. Ou seja, cada um de nós é obrigado a engolir seu sonho de viver. Isso nos remete ao *Daimon*, uma energia interior que foi "demonizada" no sentido moderno da palavra. Trata-se de uma força imortal a que os antigos atribuíam a chama que nos impele a buscar um projeto de vida, uma visão de mundo, como se diz na fenomenologia. Isso é o que nos mantém vivos. Seria nossa chama, mas que rapidamente fenece neste mundo massacrante, consumista e mercantilista.

Além disso, são bem-vindos alguns viciozinhos e até mesmo umas maluquices em nossa vida, pois aí reside muitas vezes a graça de viver. Nise da Silveira, que nos brindou com obras de grande valor, gostava de dizer: "Detesto gente muito normal; graças a Deus, eu nunca vivi com gente muito normal. Tem que ter um pouco de loucura, de gosto, de sabor". Também coloquei essa questão em meu livro "Ócio x ganância". Acho muito chata uma pessoa muito bem analisada. As pessoas não podem ser muito bem resolvidas. Senão, o que fica como desafio? Também não precisa ser um negócio muito maluco. Mas há que ter paixão e busca por seus próprios mitos.

Os mitos nada mais são do que sonhos e utopias absurdas ou, como disse muito bem Pândaro, no século VI a.C.: "Sabe o que é mito? Essas coisas nunca aconteceram, mas sempre existiram". E sempre existirão no interior de cada um, a seu modo. Vemos isso em "Fedro", de Platão, que nos diz: "Não estamos aqui apenas para reviver os mitos, estamos aqui para recriá-los". Essa é a beleza.

A história de Narciso é emblemática porque esse nome tem origem na palavra grega *nárkissos*. Não é preciosismo erudito meu. É que os romanos tinham alguma dislexia, sempre tiveram... Desse modo, tudo que em grego se pronunciava "k", mudou para "c" em latim. Eles também trocavam o "m" pelo "f". Por exemplo, em grego, "forma" é *morfé*, como em "metamorfose". Isso deturpa a origem da palavra e o seu significado. Um bom exemplo é *nárkissos*, que vem da raiz grega *narkóno*. Daí vem narcótico, mas ao trocar o "k" pelo "c", perde-se o significado original da palavra, pois Narciso não tem nada a ver com narcótico em nosso vernáculo e o mito fica deturpado. A flor do narciso é o mais antigo narcótico que se conhece, anterior à papoula, e era dado às pessoas que iriam se submeter a uma operação, arrancar um dente etc. Faziam-se infusões com a flor do narciso. Vemos aqui a relação de Narciso com narcótico. Por outras palavras, o narcisista está narcotizado (anestesiado) em seus sentimentos. É o oposto de Eros, pois o problema do narcisismo não reside na heterossexualidade, nem na homossexualidade, mas na ausência de sexualidade. A palavra "anestesia" tem origem grega. *Éstos* é estima, sentimento. Portanto, *an éstes* significa ausência de sentimento.

Quando tentamos entender uma civilização erótica, vemos como ela lida com esses mitos paradigmáticos, como, por exemplo, o do narcisismo. E nós mesmos os revivemos, só que de forma muitas vezes inconsciente. Ora, segundo o mito, Pan amou Eco, que amou Narciso, que não amou ninguém! Quem nunca viu esse filme? Quem nunca amou alguém e não foi correspondido? Quem nunca foi amado e não quis saber? Quem, como Eco, que tudo entrega – é o oposto de Narciso –, quem nunca se doou e "tomou na cabeça"? Quem escapou dessas tramas da fatalidade? Isto quer dizer que, entre a doação total e o egoísmo total, estão todas as histórias de amor da humanidade. E cada um tem seu lugar nessa história.

Essa é a função do mito. Por isso ele não pode obedecer à lógica aristotélica que diz que uma coisa não pode ser e não ser ao mesmo tempo. Isso é primitivo e tosco. A linguagem dos mitos exige uma outra lógica do vivente, que é a linguagem metapsicológica por excelência, ou seja, as coisas são e não são ao mesmo tempo. Trata-se de uma linguagem da ambiguidade, que somente o método fenomenológico foi capaz de recompreender na modernidade. Foi a superação da síntese "hegeliana" e de outras "bobagens" filosóficas do século XIX. A fenomenologia revelou, com sensibilidade, a linguagem da ambiguidade, que também é a essência do fenômeno psicológico e que torna possível, por exemplo, amar e odiar ao mesmo tempo. Ora, quem nunca teve vontade, aliás, de fazer um carinho enorme no seu filho, mas também de afogá-lo na banheira? E isso vale em geral para o amor.

Ao estudarmos os hieróglifos egípcios, vemos que os correspondentes aos substantivos abstratos são dessa natureza. Por exemplo, não existe a palavra "amor" na escrita hieroglífica, nem a palavra ódio. Há um hieróglifo que expressa algo como "amoródio". E por quê? Porque se trata de uma linguagem muito evoluída que não é cursiva como a nossa, na qual o discurso não é linear e encadeado, mas um discurso no qual cada um completa o sentido. Desse modo, ao se ler esse hieróglifo, coloca-se mais amor ou mais ódio, conforme o estado de espírito de cada um, completando o seu sentido. É uma leitura interpretativa por excelência. E não é assim que fazemos em nossas sessões de psicoterapia? Cada um recria com sua fantasia o sentido e o significado de cada momento de sua vivência. Nada mais belo do que os sonhos para isso.

Não há linguagem mais mítica que o sonho. E creio que foi Jung que disse: "Quando não entendemos os sonhos, achamos nossa vida normal, e os sonhos, uma bagunça. Quando começamos a entendê-los, vemos como nossa vida é uma baderna e como os sonhos têm sentido". Quer dizer, a riqueza dessa linguagem da ambiguidade, por meio da subjetividade radical dos sonhos e do psíquico, é que nos mantêm vivos, sendo essa a linguagem mítico-erótica por excelência.

Num livro cujo título é "Cinquenta Tons de Cinza", vemos o seguinte argumento: uma executiva se torna masoquista. Trata-se de uma "madame-macho", como toda boa executiva. Depois não sabem por que não conseguem se relacionar com homens. Os homens simplesmente têm medo delas pois elas viram homem sem pinto. Afinal, o que atrai um homem numa mulher? É a sua fragilidade, a sua elegância, a sua magia. É a capacidade de força maternal, o sentido instintual, isso tudo é muito feminino. Mas quando elas vestem aqueles *tailleurs* em cinquenta tons de cinza... Socorro! Vai tudo por água abaixo! É o mítico-erótico que desaparece. É justamente esse resgate um dos nossos desafios na modernidade.

Vou me aprofundar um pouco mais, contando algumas histórias divertidas da tradição mítica grega, que falam justamente de traição, outro tema de culpa e castigo da modernidade.

Em primeiro lugar, a questão da traição é tão velha quanto a humanidade. Não vamos dourar a pílula! O desejo, a linguagem do desejo... Freud tinha razão: é perverso polimorfo! Sem exageros, temos um polimorfismo natural, ou seja, uma atração pelo diverso. Essa história de monogamia é conversa para boi dormir! Eu tinha um professor que dizia: "Há três espécies de pessoas. A primeira foi definitivamente feita para casar e não fica solteira mesmo. Tem que casar, pois não se aguenta sozinho! Já a outra espécie é do tipo 'mais ou menos', principalmente os homens: 'não sei se caso ou se compro uma bicicleta'. Mas sempre aparece uma espertinha, que agarra esse homem e casa com ele. E a terceira categoria é a dos que definitivamente nunca deveriam casar". Essa é mais uma das manifestações da condição humana. Ela é variável, é polimorfa. A imensa maioria das pessoas não é monogâmica, sendo essa sua natureza.

Vou citar um episódio da Ilíada, que, por sinal, era a Bíblia para os gregos antigos. Um garoto de nove a dez anos de idade tinha que sabê-la de cor. E são 2.700 versos! E se orgulhava disso! Há episódios divertidíssimos e outros muito sérios, mas todos muito emblemáticos. E notem que, se são atos realizados pelos deuses, são exemplos para todos. Não é assim que aprendemos? Se Deus age, eu devo seguir o seu exemplo. Ou, pelo menos, devo tentar.

Esta é uma história de traição muito divertida: a linda deusa Afrodite, a Vênus romana, tinha um casinho com Ares, que era o deus da guerra. É o Marte romano: gostosão, bonitão e tal. Os deuses do Olimpo fofocavam a respeito disso, claro! Afinal de contas, onde se viu uma coisa dessas? Ela era casada com o deus Héfesto, o Vulcano romano. E ele estava meio desconfiado, querendo dar um "flagra" nela. O que ele fez? Disse-lhe um dia: "Minha querida, vou até o Monte Etna fabricar mais algumas ferramentas, pois estou precisando fazer uma nova bigorna entre outras coisas. Ficarei lá por alguns dias." E ela responde: "Sim, claro! Vá com Zeus, fique tranquilo! Vou aproveitar para fazer meus tricôs, crochês e tal." Mas assim que ele saiu, Afrodite exclamou: "Estou livre, sozinha! Ares, venha para cá!" Este é levado, então, aos aposentos da deusa. Estamos no Olimpo, lembrem-se. É tudo divino e maravilhoso. Só que o deus das ferramentas, muito esperto, tinha tecido uma teia, uma rede finíssima de fios de ouro, invisível, e a tinha colocado embaixo da cama deles, de modo que, quando deitassem, a teia seria puxada para cima por meio de um ferrolho, aprisionando-os. E dito e feito! Os dois anjinhos nus foram flagrados na cama da deusa em pleno Olimpo! E Héfesto, que estava na esquina, voltou correndo e conclamou os demais deuses: "Venham ver! Venham dar o flagrante aqui". Chamou-os para verem os dois abraçados e morrendo de vergonha. Entre eles estava o deus Apolo, com o seu irmãozinho safado Hermes, o Mercúrio romano, e tiveram o privilégio de ver a deusa da beleza nua. Não precisa dizer mais nada, não é? É para deixar com inveja qualquer "Miss Universo". Estavam lá olhando e Héfesto, irado, disse: "Eu quero uma indenização pelo ocorrido, uma compensação pela minha honra ofendida" (era hábito exigir do adúltero indenização como compensação da traição). E Ares, lá de cima, diz: "Não tem problema. Vamos discutir. Quantos talentos de ouro você quer? Quanto será que vale?" E Héfesto responde: "Quero cinco talentos de ouro!" Uma fortuna! Então, Hermes, que estava ao lado, exclamou: "Meu caro irmão Apolo, por cinco talentos? Nossa! Eu pagaria quantas vezes mais para ter em meus braços esta deusa!" Ou seja, "valeu mil vezes, vou pagar de novo". Bem, essa anedota muito didática está na Ilíada, no Livro IX, e era lida e decorada pelos jovens de nove a dez anos...

O que significa isso? Que sequer os deuses levavam muito a sério essa coisa de traição. Traiu? Tudo bem! Dê o troco e não me encha a paciência, deixe para lá! Acho isso divertidíssimo! Reflete muito bem esse aspecto erótico, delicioso, suave. Se aconteceu, aconteceu. Paciência! Não tirou pedaço. Lavou, está novo! Não é o que dizem? Pronto! Vamos em frente! É para aliviar um pouco essa nossa culpa judaico-cristã que implica com tudo em que há sexo, afirmando que é pecado, é horrível, é terrível. Eu vejo algo que aprendi a apreciar em Baudelaire, em sua obra "As Flores do Mal": "Quem ama verdadeiramente, liberta, jamais se apodera". Essa história de apoderamento é uma chatice. Essas coisas de traição... Sabe, nem nós somos donos do nosso coração. Alguém é? Sempre fomos avisados depois que o estrago já estava feito. Sempre foi assim. Ninguém é dono de seu coração e ainda assim quer governar o dos outros? Claro que não vamos, agora, cair em uma festa, mas temos que ter um mínimo de compreensão do que é esse erótico e a função do mítico. São sonhos e anseios, e o mítico, sim, permeia nossas fantasias de amor. E coitado de quem as perdeu. Existe pessoa mais chata do que aquela que não tem mais fantasias de amor, não tem mais sonhos de amor?

Mas por que desapareceram essas sociedades? Essa é a grande pergunta. E por que as substituímos por sociedades tão chatas como a nossa? É uma boa pergunta, não é? É um privilegiado quem, por exemplo, ama o que faz, e sabemos que é uma grande minoria. Poucos têm esse privilégio de fazer as coisas apaixonadamente. A imensa maioria, que perdeu a paixão, faz por obrigação e sente que a vida é uma chatice. Como é possível, então, que o mítico continue vivo dentro dela? Os mitos morrem quando são trocados pela doença, ou pela gordura, enfim, por tudo que deforma e anula o ser humano. Claro que isso não significa que todo indivíduo mítico seja magro. O mundo está cheio de magros chatos também. O que quero dizer é que sabemos quando um indivíduo vive seus mitos dentro de si, porque ele transborda erotismo, alegria e paixão. Parece que ele segue a lei de Hermes, descrita na Tábua das Esmeraldas: "Na vida, tudo é jogo e comédia e nada merece ser levado muito a sério, a começar por você. Quando parar de se levar a sério, terá começado a viver, porque eu, o deus dos caminhos (o psicopompo, condutor da psiquê) encontro solução para tudo na vida e, inclusive, para a morte, pois sou aquele que regenera a alma em um novo corpo". Os antigos acreditavam que voltariam a viver após a morte. Os espíritas, depois, os copiaram.

O mercantilismo e o consumismo, mais do que nunca, fazem com que o indivíduo leve uma vida sem graça: compramos tudo que não precisamos para mostrar para quem não gostamos, com o dinheiro que não temos, só para ter *status*. E aguentamos despesas brutais com coisas desnecessárias.

É claro que essas sociedades desapareceram. Há inúmeras razões para isso, mas o fato é que desapareceram porque tinham um defeito: não eram guerreiras. Essa é a questão. Não eram *vikings*, como o são os americanos, por exemplo. Eles são os *vikings* de hoje. Antes eram os ingleses e antigamente eram os romanos. Querem engolir o planeta, fazendo-nos consumir como idiotas, coisas que nunca iremos precisar, para encher de dinheiro essas tais multinacionais, à custa de um trabalho insano, em busca de uma ganância incessante para se ganhar mais e mais. E não tenho nada de socialista; vou logo avisando: sou muito aristocrata! Mas um aristocrata da alma, da excelência de cada um, aristocrata do merecimento ou, como Nietzsche disse muito bem: "O Estado só tem sentido se for do homem para o homem. Do homem para a economia não é Estado, é idiotice".

Essa é a grande questão com que hoje nos deparamos, mais atual do que nunca. Vamos ter de aprender por bem ou por mal – e tudo indica que vai ser por mal – a parar de consumir desvairadamente, porque isso irá explodir o planeta, além do massacre que já causamos em nossa vida. E não adianta ser natureba, zen, ou qualquer outro modismo. Confúcio recorda-nos: "Cuidado, você não é apenas o que come! Você é, principalmente, a vida que você leva". Não dá mais para continuar desse jeito e temos o desafio de resgatar o mítico-erótico, aprendendo a viver mais com menos. Essa é a nova e, ao mesmo tempo, arcaica fórmula da saúde física, mental e espiritual.

AFORISMOS:

SOBRE ÓCIO, CULPA E EXISTÊNCIA

#1. Os helênicos fizeram muitas objeções a Platão, mas este não foi meu caso, pois fui iniciado por meu avô em todos os filósofos indistintamente desde os pré-socráticos até Plotino e os neoplatônicos.

Minha formação também foi estritamente racionalista e devo confessar que por muitos anos considerei Aristóteles o suprassumo dos filósofos. Somente por ocasião de meu segundo doutorado "a casa caiu" quando estudei seriamente Nietzsche e tive aulas com Mircea Eliade, Campbell e outros mestres que me fizeram revisar minha visão da filosofia e me abriram os olhos para a sabedoria dos mitos e sua grandeza de um conhecimento não racional, mas intuitivo e de outra ordem.

Foi neste momento que iniciei uma revisão crítica de toda a filosofia - a saber racionalista - que dura até hoje - e Aristóteles não escapou. Especialmente depois que descobri a grandeza de Sócrates e Platão abandonei a leitura racionalista que os modernos a eles impunham - por sinal tola e distorcida!

Hoje tenho claro que a partir dos escolásticos e depois do Iluminismo a filosofia caiu em descrédito por ter despencado num racionalismo exacerbado - mal que depois atingiu também a ciência com seus fanatismos pseudo-racionais. A filosofia não é e não pode ser uma forma de conhecimento estritamente racional e Aristóteles tem enorme culpa por esta distorção. A filosofia é a busca do saber em todas as suas manifestações. Esta é a tradução correta da palavra "Sofia". "Filos" nunca significou "amigo", mas "cosmicamente irmanado". Ela sempre foi uma forma de saber mítico e iniciático e é preciso resgatar suas origens. Sim, uma volta às origens como Lacan fez com Freud.

#2. Mitos: estas coisas nunca aconteceram, mas sempre existiram. (Píndaro, séc. VI a.C.)

#3. "Se o mito é traduzido literalmente como um fato, então ele aparece como uma mentira. Mas se o vemos como um reflexo de nosso mundo interior, então ele é uma verdade. O mito é a penúltima verdade" (Joseph Campbell, from a 1986 Houston Chronicle interview by Leslie Sowers: "Cultures Linked by Man's Ideas, Mythologist Says").

#4. Para entender a linguagem metapsicológica:

Acrescento que mito vem da raiz sânscrita "meyen", que significa "linguagem dos deuses, sons cósmicos decodificados pelos homens na forma de uma narrativa por nós compreendida".

#5. Sobre culpa, castigo e reparação

Castigo: "eu não dou oportunidade para alcançar a verdade; não dou o caminho da reparação. Reparação: o que se tem de melhor para oferecer; recriar, para reconstruir. Ter porta aberta para que possa reparar e reconstruir a si próprio. Você errou, mas eu abro portas para a elevação: olhe para dentro e veja o que tem de melhor para oferecer (isto é superar a culpa). Culpa se torna destrutiva se não se abrem as portas de reparação e reconstrução. É a construção da consciência que está em jogo e da lucidez. Eu me pergunto quem eu sou e como posso evoluir."

#6. "Nenhum mortal pode considerar-se livre. Uns são escravos da riqueza, outros da sorte, pois ora as prescrições da lei, ora os caprichos da maioria nos impedem de seguir nossas inclinações, submissos aos desejos" (Eurípedes, "Hécuba").

#7. Todos os homens se dividem, como em todos os tempos e também ainda atualmente, em escravos e livres; pois quem não tiver para si dois terços do seu dia é um escravo, seja ele, de resto, o que quiser: político, comerciante, funcionário, erudito (Friedrich Wilhelm Nietzsche, “Humano, Demasiado Humano”).

#8. Todos vós, que amais o trabalho desenfreado (...), o vosso labor é maldição e desejo de esquecerdes quem sois (Friedrich Nietzsche).

#9. “O belo e o amor foram feitos para serem concedidos ao outro - e é traidor de mim aquele que os guarda para si!” (Aforismo atribuído à deusa do amor Afrodite).

#10. “O problema que apresento assim não é o de saber o que deve substituir a humanidade na escala dos seres (- o homem é um fim -): mas que tipo de homem se deve criar, se se deve querer um valor mais elevado, mais digno de viver, mais seguro de um futuro. O cristianismo tinha de pregar a miséria, a abnegação, a opressão dos instintos e a negação da vida para se manter no poder em troca de recompensas no além” (Nietzsche, “O Anticristo”).

Não à negação da vida!

#11. “Se essa ciência, que tantas vantagens trará à humanidade, não encontrar o significado humano das próprias descobertas, ela se voltará contra a humanidade” (Giordano Bruno).

#12. “Onde meus talentos e paixões encontram as necessidades do mundo, lá está meu lugar” (Aristóteles).

#13. A depressão ao longo da história.

A figura de um homem com o cotovelo descansado na perna, costas curvadas, rosto empalidecido, inclinado e apoiado em uma das mãos...há alguém que já não se observou nessa posição? Ou sentiu o corpo pesado, olhar distante, olhando para o desconhecido? Por esta perspectiva, temos o nada humano completo.

Tais fatos não são situações inéditas, pois, de uma maneira ou outra, de tempo em tempo, os homens a vivenciam. Uns mais, outros menos; não importando. Todos já passaram por isso, e os que não passaram irão passar em algum momento.

#14. Segundo a Organização Mundial da Saúde, a depressão atinge na forma crônica (doença) uma em cada quatro pessoas.

#15. A depressão é uma manifestação percebida já antes mesmo de 2.000 mil anos atrás. Os gregos, por exemplo, chamavam este estado emocional do homem de melancolia. Já o homem medieval a chamava de acedia e, hoje, de depressão.

#16. No século IV a.C., Hipócrates, pai da medicina, formulou a tese dos quatros humores, como consta em sua obra: Da natureza do Homem. Nela, o filósofo discorre sobre a correspondência entre esses quatro humores e suas características primárias – quente, frio, seco e úmido. Para cada tipo de humor, Hipócrates relacionou um sintoma emocional, pois, no estado normal de uma pessoa ter-se-ia o exato equilíbrio da mistura dos quatros humores. Os problemas emocionais se originavam do desequilíbrio; do excesso de um deles, ou mais, fazendo diferentes combinações.

#17. Aristóteles, em sua obra de nome Problema sobre a Psiquê, nos alertou sobre uma estranha coincidência: "Por que razão todos os homens de exceção na filosofia, na política, na poesia ou nas artes são, manifestadamente, melancólicos?" Ironicamente hoje temos os maiores nomes da humanidade contemporânea viciados em antidepressivos.

#18. Historicamente, pode-se dividir a depressão em três conceitos e entendimento distintos. Na Antiguidade, a depressão deveria se equilibrar com a excitação. Na Idade Média, a depressão (acídia) era algo que estava nela mesma. Hoje, é uma doença e, quando se torna crônica, é tratada por meio de drogas. Enfim, é um estado de espírito ou disfunção físico-mental?

#19. Em uma coisa os antigos gregos estavam certos, pois, não entendemos mais que eles sobre a "melancolia". Eles acreditavam que a melancolia era a essência da sabedoria, entretanto, para qualquer homem de bom senso, dever-se-ia equilibrá-la com a excitação.

#20. Finalmente, como os antigos gregos afirmavam: "Muita felicidade é sinal de idiotice."

#21. Sobre a idiotice de ser feliz.

É simples assim: Buscar a felicidade é um engodo para a anestesia e indiferença, é vender-se aos modismos. Não viemos aqui para isso, mas para realizarmos uma missão que é tornar-se o melhor de si a partir de si mesmo - e isto dá um trabalho danado, pois faz com que encaremos nossa verdade e nosso lado negro. Principalmente, saímos do mundo consumível e nós mesmos deixamos de sê-lo. Nunca vi um grande gênio ser feliz e não me consta que Moisés ou Cristo tiveram "uma vida feliz", nem a buscaram. E, finalmente, existem duas maneiras de ser feliz nesta vida: uma é fazer-se de idiota e a outra é sê-lo.

#22. "Os gregos receberam a deusa Astarte [deusa oriental fenícia da lua, da fertilidade, da sexualidade e da guerra] com o instinto ancestral, a embriaguez orgiástica e o grito animalesco; e fizeram o instinto transcender em amor, a dentada em beijo, a orgia em adoração religiosa e o grito em palavra erótica" (Nikos Kazantzakis em Relatório a El Greco).

#23. Nunca é alto o preço a pagar pelo privilégio de pertencer a si mesmo (Nietzsche).

#24. "Uma vez que aliviamos nossa consciência chamando algo de um "mal necessário", isso começa a parecer mais e mais necessário e menos e menos mal" (Sydney J. Harris).

#25. A coragem de ser passa pela coragem de se enfrentar só, porém não há aqui solidão, mas encontro e irmanação cósmica! Esse é o caminho do herói no sentido original e arcaico - o único possível!

#26. A vida é um espetáculo que começou muito antes de você chegar e terminará muito depois de ter partido. Portanto, enquanto estiver em cena, saiba se portar e, principalmente, saiba sair de cena quando sua hora chegar (Aristóteles, Poética).

Especial para aqueles agarrados em demasia com esta existência! É muito elegante saber a hora de partir e jamais insistir em permanecer!

Ou como meu amado avô dizia: Faça o que fizer nesta vida, mas faça com classe, elegância e principalmente com amor - e na hora de partir não dê vexame!

#27. Eis o desafio da verdadeira evolução - não a proposta por Darwin, que é selvagem e implacável. A evolução verdadeira segue o caminho de proteger os mais fracos, doentes e pelo tempo envelhecidos. Esta é a única evolução possível, que atende pelo nome de civilidade. Já a proposta por Darwin não é senão uma metafísica da selvageria - e falta muito para provar que não passa de mais um caso da natureza implacável.

#28. "Tome o mais violento chute e murro, transforme-o no mais elegante passo ginástico. A criança até agradecerá, porque dominará o seu corpo e encontrará melhores meios de se expressar. De animal selvagem passará à civilidade" (Píndaro, séc. VI a.C.).

#29. Ganhar coragem.

"Mesmo o mais corajoso entre nós só raramente tem coragem para aquilo que ele realmente conhece", observou Nietzsche.

É o meu caso.

Muitos pensamentos meus, eu guardei em segredo.

Por medo.

Alberto Camus, leitor de Nietzsche, acrescentou um detalhe acerca da hora em que a coragem chega: "Só tardiamente ganhamos a coragem de assumir aquilo que sabemos". Tardiamente. Na velhice.

Como estou velho, ganhei coragem.

Vou dizer aquilo sobre o que me calei: "O povo unido jamais será vencido", é disso que eu tenho medo.

Em tempos passados, invocava-se o nome de Deus como fundamento da ordem política.

Mas Deus foi exilado e o "povo" tomou o seu lugar: a democracia é o governo do povo.

Não sei se foi bom negócio; o fato é que a vontade do povo, além de não ser confiável, é de uma imensa mediocridade.

Basta ver os programas de TV que o povo prefere.

A Teologia da Libertação sacralizou o povo como instrumento de libertação histórica.

Nada mais distante dos textos bíblicos.

Na Bíblia, o povo e Deus andam sempre em direções opostas.

Bastou que Moisés, líder, se distraísse na montanha para que o povo, na planície, se entregasse à adoração de um bezerro de ouro.

Voltando das alturas, Moisés ficou tão furioso que quebrou as tábuas com os Dez Mandamentos.

E a história do profeta Oséias, homem apaixonado!

Seu coração se derretia ao contemplar o rosto da mulher que amava!

Mas ela tinha outras ideias.

Amava a prostituição.

Pulava de amante em amante enquanto o amor de Oséias pulava de perdão a perdão.

Até que ela o abandonou.

Passado muito tempo, Oséias perambulava solitário pelo mercado de escravos.

E o que foi que viu?

Viu a sua amada sendo vendida como escrava.

Oséias não teve dúvidas.

Comprou-a e disse: "Agora você será minha para sempre.".

Pois o profeta transformou a sua desdita amorosa numa parábola do amor de Deus.

Deus era o amante apaixonado.

O povo era a prostituta.

Ele amava a prostituta, mas sabia que ela não era confiável.

O povo preferia os falsos profetas aos verdadeiros, porque os falsos profetas lhe contavam mentiras.

As mentiras são doces; a verdade é amarga.

Os políticos romanos sabiam que o povo se enrola com pão e circo.

No tempo dos romanos, o circo eram os cristãos sendo devorados pelos leões.

E como o povo gostava de ver o sangue e ouvir os gritos!

As coisas mudaram.

Os cristãos, de comida para os leões, se transformaram em donos do circo.

O circo cristão era diferente: judeus, bruxas e hereges sendo queimados em praças públicas.

As praças ficavam apinhadas com o povo em festa, se alegrando com o cheiro de churrasco e os gritos.

Reinhold Niebuhr, teólogo moral protestante, no seu livro "O Homem Moral e a Sociedade Imoral" observa que os indivíduos, isolados, têm consciência. São seres morais. Sentem-se "responsáveis" por aquilo que fazem.

Mas quando passam a pertencer a um grupo, a razão é silenciada pelas emoções coletivas.

Indivíduos que, isoladamente, são incapazes de fazer mal a uma borboleta, se incorporados a um grupo tornam-se capazes dos atos mais cruéis. Participam de linchamentos, são capazes de pôr fogo num índio adormecido e de jogar uma bomba no meio da torcida do time rival.

Indivíduos são seres morais.

Mas o povo não é moral.

O povo é uma prostituta que se vende a preço baixo.

Seria maravilhoso se o povo agisse de forma racional, segundo a verdade e segundo os interesses da coletividade.

É sobre esse pressuposto que se constrói a democracia.

Mas uma das características do povo é a facilidade com que ele é enganado.

O povo é movido pelo poder das imagens e não pelo poder da razão. Quem decide as eleições e a democracia são os produtores de imagens.

Os votos, nas eleições, dizem quem é o artista que produz as imagens mais sedutoras.

O povo não pensa.

Somente os indivíduos pensam.

Mas o povo detesta os indivíduos que se recusam a ser assimilados à coletividade.

Uma coisa é a massa de manobra sobre a qual os espertos trabalham.

Nem Freud, nem Nietzsche, nem Jesus Cristo confiavam no povo.

Jesus foi crucificado pelo voto popular, que elegeu Barrabás.

Durante a revolução cultural, na China de Mao-Tse-Tung, o povo queimava violinos em nome da verdade proletária.

Não sei que outras coisas o povo é capaz de queimar.

O nazismo era um movimento popular.

O povo alemão amava o Führer.

O povo unido jamais será vencido!

Tenho vários gostos que não são populares.

Alguns já me acusaram de gostos aristocráticos.

Mas, que posso fazer?

Gosto de Bach, de Brahms, de Fernando Pessoa, de Nietzsche, de Saramago, de silêncio; não gosto de churrasco, não gosto de rock, não gosto de música sertaneja, não gosto de futebol.

Tenho medo de que, num eventual triunfo do gosto do povo, eu venha a ser obrigado a queimar os meus gostos e a engolir sapos e a brincar de "boca-de-forno", à semelhança do que aconteceu na China.

De vez em quando, raramente, o povo fica bonito.

Mas, para que esse acontecimento raro aconteça, é preciso que um poeta entoe uma canção e o povo escute: "Caminhando e cantando e seguindo a canção."

Isso é tarefa para os artistas e educadores.

O povo que amo não é uma realidade, é uma esperança.

Rubem Alves

#30. Quem tem cultura clássica está menos sujeito a se deixar escravizar.

#31. Achem tempo para gastar, não dinheiro, pois a arte de viver e amar passa pela arte de precisar menos para viver mais! Meu amado avô me ensinou que não é o quanto você ganha que importa, mas o quanto você aprende a viver sem precisar gastar! O planeta e a humanidade agradecem!

#32. Algumas reflexões sobre a sublime arte de viver.

Elegância...

Existe uma coisa difícil de ser ensinada e que, talvez por isso, esteja cada vez mais rara: a elegância do comportamento.

É um dom que vai muito além do uso correto dos talheres e que abrange bem mais do que dizer um simples obrigado diante de uma gentileza.

É a elegância que nos acompanha da primeira hora da manhã até a hora de dormir e que se manifesta nas situações mais prosaicas, quando não há festa alguma nem fotógrafos por perto.

É uma elegância desobrigada. É possível detectá-la nas pessoas que elogiam mais do que criticam. Nas pessoas que escutam mais do que falam.

E quando falam, passam longe da fofoca, das pequenas maldades ampliadas no boca a boca. É possível detectá-la nas pessoas que não usam um tom superior de voz ao se dirigir a frentistas.

Nas pessoas que evitam assuntos constrangedores porque não sentem prazer em humilhar os outros. É possível detectá-la em pessoas pontuais.

Elegante é quem demonstra interesse por assuntos que desconhece, é quem presenteia fora das datas festivas, é quem cumpre o que promete e, ao receber uma ligação, não recomenda à secretária que pergunte antes quem está falando e só depois manda dizer se está ou não está.

Oferecer flores é sempre elegante.

É elegante não ficar espaçoso demais.

É elegante você fazer algo por alguém, e este alguém jamais saber o que você teve que se arrebentar para fazer...

É elegante não mudar seu estilo apenas para se adaptar ao outro.

É muito elegante não falar de dinheiro em bate-papos informais.

É elegante retribuir carinho e solidariedade.

“É elegante o silêncio, diante de uma rejeição...”.

Sobrenome, joias e nariz empinado não substituem a elegância do gesto.

Não há livro que ensine alguém a ter uma visão generosa do mundo, a estar nele de uma forma não arrogante.

É elegante a gentileza. Atitudes gentis falam mais que mil imagens...

Abrir a porta para alguém.... É muito elegante.

Dar o lugar para alguém sentar.... É muito elegante...

Sorrir, sempre é muito elegante e faz um bem danado para a alma...

Oferecer ajuda.... É muito elegante...

Olhar nos olhos ao conversar é essencialmente elegante...

Pode-se tentar capturar esta delicadeza natural pela observação, mas tentar imitá-la é improdutivo.

A saída é desenvolver em si mesmo a arte de conviver, que independe de status social: é só pedir licencinha para o nosso lado brucutu, que acha que "com amigos não tem que ter estas frescuras".

Se os amigos não merecem uma certa cordialidade, os desafetos é que não irão desfrutá-la.

Educação enferruja por falta de uso.

E, detalhe: não é frescura.

É dignidade para a arte de viver e amar!

#33. Desde o advento da psicanálise nos fins do séc. XIX consolidou-se a ideia de que Édipo e sua contrapartida Electra representavam o desejo inconsciente de relacionamento incestuoso entre mãe e filho e pai e filha.

É pouco, muito pouco, para o significado e a grandeza contidos nas obras Sófocles – Édipo Rei, Édipo em Colono e Antígona. Trata-se aqui de recuperar seu verdadeiro sentido, que compreende a história de um homem maldito e condenado à morte, antes mesmo de nascer e que, pela sua coragem de ser verdadeiro, alcança o mais alto grau oferecido aos homens pelos deuses: a imortalidade, somente concedida aos Messias, os filhos de Deus. Édipo é, portanto, o antecessor de Moisés, Buda, Cristo e Maomé - para citar somente alguns.

Não é diverso o caminho de Antígona – a mais elevada e nobre trajetória de uma heroína – que não hesita em enfrentar a morte para honrar o mais sagrado dos arcaicos mandamentos: o direito de nascer, viver e morrer com dignidade.

A problemática fundamental do homem - existencial, psicológica e social - nunca poderia centrar-se num desejo incestuoso inconsciente (o complexo de Édipo ou de Electra; a questão sexual segundo a psicanálise), mas sim no desejo natural cósmico de se ter direito à vida - e como tal poder exercê-lo com dignidade. Mais do que tudo, o horror - o horror dos horrores da condição humana - é não ser amado, ser rejeitado e excluído pelo outro, não importando se são os pais, o cônjugue, o amigo ou quem quer que seja. Quer dizer, toda e qualquer rejeição pode ser fatal.

Não, a questão essencial da existência não é e nunca poderia ser sexual - consciente ou inconscientemente. É do direito natural cósmico de nascer, viver e morrer com dignidade e amor.

Prólogo de meu livro: Édipo: Messias ou complexo?

#34. Que mundo é esse que despreza e esquece quem chega e ama e busca quem parte? Porque é preciso partir para se chegar e é preciso chegar para partir? Este planeta chamado Terra se esquece de quem chegou e recorda somente quem partiu... Trecho extraído de meu livro: A criação segundo a tradição grega - parte 3: A história dos homens sem deuses, ou cenas de um cabaré da existência.

#35. “Internet deu voz a uma legião de imbecis” (Umberto Eco).

Ao receber o título de Doutor Honoris Causa, da Universidade de Turim, no dia 10 de junho de 2015, o escritor Umberto Eco disse duras, mas sábias verdades. Afirmou, por exemplo, que as redes sociais deram o direito à palavra a uma maioria de imbecis, uma legião de idiotas que antes falavam apenas “em um bar e depois de uma taça de vinho, sem prejudicar a coletividade”.

Escritor e filósofo italiano -- autor de grandes obras como O Nome da Rosa, o Pêndulo de Foucault e O Cemitério de Praga -- Umberto Eco tem sido um dos maiores críticos do papel das novas tecnologias no processo de disseminação da informação. Em seu discurso, ele lembrou ainda que a TV já havia colocado o “idiota da aldeia” em um patamar no qual ele se sentia superior. Agora, “o drama da internet é promover o idiota da aldeia a portador da verdade”.

O Facebook é uma prova de tudo isso. Esses imbecis e idiotas definidos por Eco nele comparecem com frequência, exclusivamente para xingar, divulgar panfletos fundamentalistas de suas crenças político-ideológicas e para cuspir na cara de quem ousa divergir de suas ideias, ainda que respeitosamente.

Comentário de Edevaldo Siqueira.

#36. Para refletir sobre a estupidez humana quando se arvora no direito de falar em nome de Deus.

Este é o Deus ou Natureza de Espinosa:

Se Deus tivesse falado: "Para de ficar rezando e batendo no peito! O que eu quero que faças é que saias pelo mundo e desfrutes de tua vida. Eu quero que gozes, cantes, te divirtas e que desfrutes de tudo o que Eu fiz para ti.

Para de ir a esses templos lúgubres, obscuros e frios que tu mesmo construíste e que acreditas ser a minha casa.

Minha casa está nas montanhas, nos bosques, nos rios, nos lagos, nas praias. Aí é onde Eu vivo e aí expresso meu amor por ti.

Para de me culpar da tua vida miserável: Eu nunca te disse que há algo mau em ti ou que eras um pecador, ou que tua sexualidade fosse algo mau.

O sexo é um presente que Eu te dei e com o qual podes expressar teu amor, teu êxtase, tua alegria. Assim, não me culpes por tudo o que te fizeram crer.

Para de ficar lendo supostas escrituras sagradas que nada têm a ver comigo. Se não podes me ler num amanhecer, numa paisagem, no olhar de teus amigos, nos olhos de teu filhinho... não me encontrarás em nenhum livro!

Confia em mim e deixa de me pedir. Tu vais me dizer como fazer meu trabalho?

Para de ter tanto medo de mim. Eu não te julgo, nem te critico, nem me irrito, nem te incomodo, nem te castigo. Eu sou puro amor.

Para de me pedir perdão. Não há nada a perdoar. Se Eu te fiz.... Eu te enchi de paixões, de limitações, de prazeres, de sentimentos, de necessidades, de incoerências, de livre-arbítrio. Como posso te culpar se respondes a algo que eu pus em ti? Como posso te castigar por seres como és, se Eu sou quem te fez? Crês que eu poderia criar um lugar para queimar a todos meus filhos que não se comportem bem, pelo resto da eternidade? Que tipo de Deus pode fazer isso?

Esquece qualquer tipo de mandamento, qualquer tipo de lei; essas são artimanhas para te manipular, para te controlar, que só geram culpa em ti. Respeita teu próximo e não faças o que não queiras para ti. A única coisa que te peço é que prestes atenção na tua vida, que teu estado de alerta seja teu guia.

Esta vida não é uma prova, nem um degrau, nem um passo no caminho, nem um ensaio, nem um prelúdio para o paraíso. Esta vida é o único que há aqui e agora, e o único que precisas.

Eu te fiz absolutamente livre. Não há prêmios nem castigos. Não há pecados nem virtudes. Ninguém leva um placar. Ninguém leva um registro.

Tu és absolutamente livre para fazer da tua vida um céu ou um inferno.

Não te poderia dizer se há algo depois desta vida, mas posso te dar um conselho. Vive como se não houvesse. Como se esta fosse tua única oportunidade de aproveitar, de amar, de existir. Assim, se não há nada, terás aproveitado da oportunidade que te dei.

E se houver, tem certeza que Eu não vou te perguntar se foste comportado ou não. Eu vou te perguntar se tu gostaste, se te divertiste... do que mais gostaste? O que aprendeste?

Para de crer em mim - crer é supor, adivinhar, imaginar. Eu não quero que acredites em mim. Quero que me sintas em ti. Quero que me sintas em ti quando beijas tua amada, quando agasalhas tua filhinha, quando acaricias teu cachorro, quando tomas banho no mar.

Para de louvar-me! Que tipo de Deus ególatra tu acreditas que Eu seja?

Me aborrece que me louvem. Me cansa que agradeçam. Tu te sentes grato? Demonstra-o cuidando de ti, de tua saúde, de tuas relações, do mundo. Te sentes olhado, surpreendido?... Expressa tua alegria! Esse é o jeito de me louvar.

Para de complicar as coisas e de repetir como papagaio o que te ensinaram sobre mim. A única certeza é que tu estás aqui, que estás vivo, e que este mundo está cheio de maravilhas. Para que precisas de mais milagres? Para que tantas explicações?

Não me procures fora! Não me acharás. Procura-me dentro... aí é que estou, vibrando em ti.

Baruch Spinoza.

#37. Medo de solidão

Artigo de autoria de Luiz Carlos Lisboa, publicado no Jornal da Tarde de São Paulo no ano de 1978.

De todos os avanços da tecnologia o isolamento acústico é o único invento destinado a preservar a intimidade e o sossego do homem moderno. Todas as outras contribuições do progresso como a televisão, a fotografia, o telefone, as pesquisas de opinião, o gravador, os aparelhos de som, invadem nossa vida particular e violam nosso antigo e sagrado direito à solidão, não importa o que pensemos disso. O costume simples e personalíssimo de meditar em silêncio tornou-se proibitivo chegando a ser visto com desconfiança, talvez como sinal daquilo que se chamava antigamente de melancolia ou de alienação.

As previsões para os próximos anos levam à certeza de que o homem da década de 80 será, mais do que em qualquer outra época da história, observado, importunado, espionado, investigado. Seria racional e desejável que a técnica se voltasse para a proteção desses direitos menos defendidos do homem, afinal, poder ficar só alguns instantes durante o dia é quase uma necessidade para determinadas naturezas.

Experiências com animais e observações feitas nas prisões levam a concluir que o ruído, a inquietação e o excesso de contatos interpessoais reduzem a resistência nervosa dos indivíduos e também enfraquecem seu sistema imunológico sujeitando o corpo a doenças infecciosas. O homem precisa ter contato consigo mesmo e isso só ocorre quando as solicitações do meio são delimitadas. A vida moderna nas grandes cidades praticamente impossibilita este sossego. Quando o permite o homem já não o deseja porque se habituou a fugir de seus problemas através de mil distrações auditivas, visuais e gustativas que a tecnologia moderna lhe proporciona com tanto requinte. A solidão temida, odiada, malvista, é associada ao fracasso e à rejeição. No entanto, pode ser uma fonte de energia e de conhecimento. A dificuldade reside nas associações negativas geralmente feitas com a palavra. Estar só e se lamentar por isso é um estado conflitivo, desagradável.

Permanecer sozinho em tranquilidade dedicado ao próprio mundo interior pode ser uma experiência extraordinária em um mundo complicado e imaturo como o nosso. A opinião dos outros certamente recusa a importância da solidão considerando-a um mal a ser removido. Essa remoção é relativamente fácil: o rádio, a televisão, os amigos, os espetáculos, a bebida, qualquer ruído com pretensão a música é eficaz no combate à solidão, desde que se queira combatê-la, naturalmente. O homem é normalmente gregário precisando conviver com seus semelhantes. Suas atividades e interesses se completam. O amor, a ambição e o pragmatismo aproximam as pessoas e as conservam protegidas. A certa altura dessa vida comum os homens não apenas precisam uns dos outros como criam vínculos de dependência entre si. O ponto exato onde começa o envolvimento neurótico é difícil de precisar, mas um olhar atento consegue determinar quando ele já se instalou. Ocorre, então, que além das maravilhas da tecnologia servem também de mata-solidão outras pessoas com as quais lidamos no cotidiano. O medo de estar sozinho não é comumente confesso. Há como que um pudor geral de admitir sua presença e embora seja febril a movimentação para escapar à solidão, é apenas de sentimento de solidão que se trata. Estar fisicamente só é uma realidade, um fato objetivo. Já a solidão de que as pessoas se queixam ou que lutam por evitar é uma ideia; temos medo da ideia que formamos a respeito, a qual é elaborada a partir da opinião sobre nós mesmos, os outros e o mundo. Não há nada concreto e real na solidão como é possível constatar; o grande problema está diretamente no fato de que nunca olhamos diretamente o assunto, preferindo reagir a uma ideia já feita e aceita como verdadeira. Os sentimentos que ajudam a criar essa ideia ou conjunto de ideias são a autopiedade, o horror à desaprovação, o medo à rejeição e o temor infantil, mas muito comum, de deixar a vida passar sem aproveitá-la devidamente. Este feixe de ideias é formado muito cedo, geralmente na infância, não reexaminamos absolutamente nada dele até à idade adulta e à morte; reagimos a ele, partindo de uma estrutura previamente aceita, desconhecida, portanto, para o sofrimento que resulta desse engano. Na dor, no medo ficamos estagnados, querendo fugir, mas acreditando que somos levados a permanecer. Toda intenção de fuga é ainda um processo infantil. Não se pode fugir daquilo que se é porque o fugitivo é também a coisa da qual se quer escapar. Nesta impossibilidade total, fechado o círculo, restam apenas a angústia e todo o corolário torturante e inútil que conduz ao desencanto do mundo. Na raiz de tudo está a superficialidade dos julgamentos, o apego às rotinas de pensamento, a emocionalidade banal e um vago medo irracional da realidade. A ciência e a tecnologia, apesar de feitas para o bem-estar do homem, segundo se acredita, são impotentes diante dessa dificuldade. A maioria das pessoas acredita firmemente que deve evitar a solidão de toda forma e a esse respeito o progresso material é insubstituível. As pequenas máquinas maravilhosas são capazes de nos levar para bem longe de nós mesmos e da realidade em que vivemos. É isso que deseja a barulhenta, excitada e fútil maioria absoluta que nos cerca em toda parte, à qual nos entregamos cega e gostosamente.

Dúvidas bíblicas cruciais enviadas por um grande amigo e professor emérito da Universidade de Virgínia

O Dr. Lauro Schlesinger é um teólogo ortodoxo e apresenta um programa de rádio no Estado de Virgínia – EUA, que é dedicado a reflexões e comentários sobre o significado profundo dos textos bíblicos. Num dos programas, comentou que a homossexualidade é uma abominação de acordo com o Levítico 18:22 e não pode ser tolerada em circunstância alguma.

Admirador que sou deste programa, ouso pedir os seguintes esclarecimentos ao Dr. Lauro na certeza de que me auxiliará com algumas dúvidas bíblicas que me assolam.

Antes de mais nada, quero agradecer a sua gentileza e clarividência com relação aos textos bíblicos e tenho aprendido muito ouvindo seu programa e, por isto mesmo, tenho tentado compartilhar sua sabedoria com todas as pessoas de meu círculo e com meu alunado, como professor que sou da Universidade de Virgínia.

Quando alguém tenta defender o estilo de vida homossexual, por exemplo, eu simplesmente recordo-lhe de que o Levítico 18:22 claramente afirma de que se trata de uma abominação e não há mais discussão, não é, Dr. Lauro? E aproveito a oportunidade para lhe pedir alguns esclarecimentos com relação a outras leis de Deus descritas na Bíblia e que tenho certeza me elucidará. Passo a descrevê-las:

1. O Levítico 25:44 afirma que eu posso ter escravos, tanto do sexo masculino como do feminino, desde que eles sejam adquiridos de nações vizinhas. Um amigo meu afirma de que isso se aplica a mexicanos, mas não a canadenses. Poderia o Dr. me esclarecer por que eu não posso ter escravos canadenses?

2. Eu gostaria de vender a minha filha como escrava, pois assim está permitido no Êxodo 21:7. Nos dias em que vivemos, qual seria um preço justo para ela, segundo a sua opinião?

3. Eu sei que não me é permitido contato algum com minha mulher quando ela se encontra em período menstrual, que é impuro, segundo o Levítico 15:19-24. O problema é como dizer isto a ela, pois toda vez que tento ela fica muito brava e ofendida. Aguardo sua solução!

4. Quando eu sacrifico um animal no altar, em casa, eu sei que ele exala um odor agradável ao Senhor, segundo o Levítico 1:9. O problema são meus

vizinhos que insistem em reclamar do odor, dizendo que não lhes agrada. Uma vez que são blasfemos, como devo castigá-los em nome do Senhor?

5. Eu tenho um vizinho que insiste em trabalhar no Sabbath, ou seja, de sexta à noite até o pôr do sol de sábado. O Êxodo 35:2 claramente estabelece que ele deveria ser morto por tal delito. Pergunto-lhe agora: estou moralmente obrigado a matá-lo ou deveria chamar a polícia para executá-lo?

6. Um amigo meu concorda que, de fato, segundo o Levítico 11:10 comer frutos do mar é uma abominação, mas é menos abominável do que a homossexualidade. Eu ouso discordar e peço a sua intervenção, pois, afinal, há graus de abominação? Por favor, esclareça.

7. O Levítico 21:20 estabelece que eu não posso me aproximar do altar de Deus se eu tiver um defeito na minha vista. Eu tenho que admitir que eu uso óculos e desse modo será que estou irremediavelmente condenado ou será que existe alguma tolerância da parte do Senhor, uma vez que só tenho 2 graus de miopia?

8. A maioria dos meus amigos tem cabelo curto, especialmente em volta das têmporas, embora isto seja expressamente proibido pelo Levítico 19:27. Cometendo tão grave pecado, como o senhor acha que eles devem morrer?

9. Segundo o Levítico 11:6-8, tocar a pele de um porco morto torna-me impuro, mas ainda assim será que posso jogar rúgbi e beisebol usando luvas de couro de porco? A que castigo estou sujeito?

10. Meu tio tem uma fazenda. Ele viola o Levítico 19:19 plantando duas espécies diferentes de algodão no mesmo campo e da mesma forma a sua esposa também viola, usando dois tipos diferentes de tecido (algodão e poliéster). Eu também acho de que ele é um terrível blasfemo, mas o Doutor acha que é realmente necessário juntar toda a comunidade para apedrejá-los até a morte, como estabelece o Levítico 24:10-16? Não bastaria simplesmente queimá-los vivos, como se fosse um assunto de cunho familiar particular, da mesma maneira como estabelece o Levítico 20:14 para os que têm relações sexuais com parentes próximos?

Eu sei que o senhor estudou profundamente estas questões e é um grande especialista nestes assuntos e por isso tenho certeza de que pode me ajudar. Mais uma vez lhe agradeço por me lembrar de que as palavras de Deus são eternas e imutáveis.

Seu fã incondicional:

James M. Kauffman, Doutor em Educação; Professor Emérito Departamento de Instrução Curricular e Educação Especial. Universidade de Virgínia

P.S.: Por favor, me ajude! Seria uma vergonha para mim se eu não puder ter um escravo canadense e somente mexicano.

#38. Eis a sabedoria deste fantástico pensador que já no séc. XIX previu o desastre do progresso e da industrialização que levariam à derrocada da civilidade e do humanismo pelo desvario do consumismo.

"Os cumes da civilização e do progresso estão distantes um do outro. Não devemos deixar-nos enganar sobre o antagonismo profundo que separa civilização e progresso" (Friedrich Nietzsche)

#39. Um de nossos problemas, hoje em dia, é que não estamos familiarizados com a literatura do espírito. Estamos interessados nas notícias do dia e nos problemas do momento (...). Mas Platão, Confúcio, Buda, Goethe e outros, falam dos valores eternos, que têm a ver com o centro de nossas vidas. Quando um dia você ficar velho, tendo as necessidades imediatas todas atendidas, e então se voltar para a vida interior, aí bem, se não souber onde está ou o que é esse centro, sofrerá muito. (Joseph Campbell)

#40. Uma das questões que mais aflige a condição humana sempre foi o tempo e, ironicamente, como mostra Sêneca, é o que mais se desperdiça. É estranho que cuidemos tanto das coisas materiais e entreguemos nosso tempo aos outros. Reclamamos ainda de que é sempre curto o tempo e que a cada ano mais depressa corre o tempo.

Mas será verdade? Será que não somos nós mesmos os culpados desta crescente falta de tempo a cada ano que passa? Será que esta sensação de que cada ano passa mais rápido não é fabricada por nós mesmos? Certamente somos os responsáveis, uma vez que cada vez mais ocupados em acumular bens, esquecemos de gastar nosso tempo com a única coisa que poderia estendê-lo e fazer com que durasse indefinidamente: viver intensamente, criando e recriando a vida e a nós mesmos. O tempo se contrai na mesma proporção em que não temos mais tempo para nós mesmos e para a vida. Daí advém essa intranquilidade da alma e a angústia de que o tempo passa sem que tenhamos tido tempo para viver. Mais uma vez, somos nós que arrebatamos de nós mesmos esse bem precioso e único chamado vida; e ela, mais do que ninguém, exige tempo para se gastar.

#41. Dráuzio Varella – Sobre a homossexualidade

A homossexualidade é uma ilha cercada de ignorância por todos os lados. Nesse sentido, não existe aspecto do comportamento humano que se lhe compare.

Não há descrição de civilização alguma, de qualquer época, que não faça referência à existência de mulheres e homens homossexuais. Apesar dessa constatação, ainda hoje esse tipo de comportamento é chamado de antinatural.

Os que assim o julgam partem do princípio de que a natureza (ou Deus) criou órgãos sexuais para que os seres humanos procriassem; portanto, qualquer relacionamento que não envolva pênis e vagina vai contra ela (ou Ele). Se partirmos de princípio tão frágil, como justificar a prática de sexo anal entre heterossexuais? E o sexo oral? E o beijo na boca? Deus não teria criado a boca para comer e a língua para articular palavras? Se a homossexualidade fosse apenas perversão humana, não seria encontrada em outros animais. Desde o início do século 20, no entanto, ela tem sido descrita em grande variedade de espécies de invertebrados e em vertebrados, como répteis, pássaros e mamíferos.

Em virtualmente todas as espécies de pássaros, em alguma fase da vida, ocorrem interações homossexuais que envolvem contato genital, que, pelo menos entre os machos, ocasionalmente terminam em orgasmo e ejaculação.

Comportamento homossexual envolvendo fêmeas e machos foi documentado em pelo menos 71 espécies de mamíferos, incluindo ratos, camundongos, hamsters, cobaias, coelhos, porcos-espinhos, cães, gatos, cabritos, gado, porcos, antílopes, carneiros, macacos e até leões, os reis da selva.

Relacionamento homossexual entre primatas não humanos está fartamente documentado na literatura científica. Já em 1914, Hamilton publicou no Journal of Animal Behaviour um estudo sobre as tendências sexuais em macacos e babuínos, no qual descreveu intercursos com contato vaginal entre as fêmeas e penetração anal entre machos dessas espécies. Em 1917, Kempf relatou observações semelhantes.

Masturbação mútua e penetração anal fazem parte do repertório sexual de todos os primatas não humanos já estudados, inclusive bonobos e chimpanzés, nossos parentes mais próximos.

Considerar contra a natureza as práticas homossexuais da espécie humana é ignorar todo o conhecimento adquirido pelos etologistas em mais de um século de pesquisas rigorosas.

Os que se sentem pessoalmente ofendidos pela simples existência de homossexuais talvez imaginem que eles escolheram pertencer a essa minoria por capricho individual. Quer dizer, num belo dia pensaram: eu poderia ser heterossexual, mas como sou sem vergonha prefiro me relacionar com pessoas do mesmo sexo.

Não sejamos ridículos; quem escolheria a homossexualidade se pudesse ser como a maioria dominante? Se a vida já é dura para os heterossexuais, imagine para os outros.

A sexualidade não admite opções, simplesmente é. Podemos controlar nosso comportamento; o desejo, jamais. O desejo brota da alma humana, indomável como a água que despenca da cachoeira.

Mais antiga do que a roda, a homossexualidade é tão legítima e inevitável quanto a heterossexualidade. Reprimi-la é ato de violência que deve ser punido de forma exemplar, como alguns países fazem com o racismo.

Os que se sentem ultrajados pela presença de homossexuais na vizinhança, que procurem dentro das próprias inclinações sexuais as razões para justificar o ultraje. Ao contrário dos conturbados e inseguros, mulheres e homens em paz com a sexualidade pessoal costumam aceitar a alheia com respeito e naturalidade.

Negar a pessoas do mesmo sexo permissão para viverem em uniões estáveis com os mesmos direitos das uniões heterossexuais é uma imposição abusiva que vai contra os princípios mais elementares de justiça social.

Os pastores de almas que se opõem ao casamento entre homossexuais têm o direito de recomendar a seus rebanhos que não o façam, mas não podem ser fascistas a ponto de pretender impor sua vontade aos que não pensam como eles.

Afinal, caro leitor, a menos que seus dias sejam atormentados por fantasias sexuais inconfessáveis, que diferença faz se a colega de escritório é apaixonada por uma mulher? Se o vizinho dorme com outro homem? Se, ao morrer, o apartamento dele será herdado por um sobrinho ou pelo companheiro com quem viveu trinta anos?

#42. Trecho de minha peça teatral na forma de uma trilogia: A Criação segundo a tradição grega.

...pois eu, o prudente Zeus

Em duas metades os humanos dividi e condenei que cada parte buscasse a outra perdida...

Ordenei ainda que...

Coro entra neste momento em uníssono com a fala de Zeus, e juntos prosseguem:

Poema corolário do masculino e feminino

Coro/Zeus

Hão houvesse homem totalmente masculino.

Não houvesse mulher totalmente feminina.

De hora em diante...

Há homens que buscam na mulher sua parte feminina.

Há mulheres que buscam no homem sua parte masculina

Há homens que buscam seu masculino na mulher.

Há mulheres que buscam seu feminino no homem.

Há homens que buscam seu masculino no homem.

Há mulheres que buscam seu feminino na mulher.

Há homens que buscam seu feminino no homem.

Há mulheres que buscam seu masculino na mulher.

Há homens que buscam no homem e na mulher seu masculino e seu feminino.

Há mulheres que buscam no homem e na mulher seu masculino e feminino.

Há homens que não buscam nem o homem nem a mulher.

Há mulheres que não buscam nem o homem nem a mulher.

Há homens que buscam a si mesmos tão somente.

Há mulheres que buscam a si mesmas tão somente.

Há homens que não buscam.

Há mulheres que não buscam.

Há os mortos e as mortas!

O coro volta-se repentinamente para a plateia, aponta e pergunta:

Coro: Onde estão vocês?

#43. Sobre a questão judaica (elogio aos judeus): O homem europeu e a destruição das nações. - O comércio e a indústria, a circulação de livros e cartas, a posse comum de toda a cultura superior, a rápida mudança de lar e de região, a atual vida nômade dos que não possuem terra - essas circunstâncias trazem necessariamente um enfraquecimento e por fim uma destruição das nações, ao menos das europeias: de modo que a partir delas, em consequência de contínuos cruzamentos, deve surgir uma raça mista, a do homem europeu. Hoje em dia o isolamento das nações trabalha contra esse objetivo, de modo consciente ou inconsciente, através da geração de hostilidades nacionais, mas a mistura avança lentamente, apesar dessas momentâneas correntes contrárias: esse nacionalismo artificial é, aliás, tão perigoso como era o catolicismo artificial, pois é na essência um estado de emergência e de sítio que alguns poucos impõem a muitos, e que requer astúcia, mentira e força para manter-se respeitável. Não é o interesse de muitos (dos povos), como se diz, mas sobretudo o interesse de algumas dinastias reinantes, e depois de determinadas classes do comércio e da sociedade, o que impele a esse nacionalismo; uma vez que se tenha reconhecido isto, não é preciso ter medo de proclamar-se um bom europeu e trabalhar ativamente pela fusão das nações: no que os alemães, graças à sua antiga e comprovada qualidade de intérpretes e mediadores dos povos, serão capazes de colaborar. - Diga-se de passagem que o problema dos judeus existe apenas no interior dos Estados nacionais, na medida em que neles a sua energia e superior inteligência, o seu capital de espírito e de vontade, acumulado de geração em geração em prolongada escola de sofrimento, devem preponderar numa escala que desperta inveja e ódio, de modo que em quase todas as nações de hoje - e tanto mais quanto mais nacionalista é a pose que adotam - aumenta a grosseria literária de conduzir os judeus ao matadouro, como bodes expiatórios de todos os males públicos e particulares. Quando a questão não for mais conservar as nações, mas criar uma raça europeia mista que seja a mais vigorosa possível, o judeu será um ingrediente tão útil e desejável quanto qualquer outro vestígio nacional. Características desagradáveis, e mesmo perigosas, toda nação, todo indivíduo tem: é cruel exigir que o judeu constitua exceção. Nele essas características podem até ser particularmente perigosas e assustadoras; e talvez o jovem especulador da Bolsa judeu seja a invenção mais repugnante da espécie humana. Apesar disso, gostaria de saber o quanto, num balanço geral, devemos relevar num povo que, não sem a culpa de todos nós, teve a mais sofrida história entre todos os povos, e ao qual devemos o mais nobre dos homens (Cristo), o mais puro dos sábios (Spinoza), o mais poderoso dos livros e a lei moral mais eficaz do mundo. E além disso: nos tempos mais sombrios da Idade Média, quando as nuvens asiáticas pesavam sobre a Europa, foram os livres pensadores, eruditos e médicos judeus que, nas mais duras condições pessoais, mantiveram firme a bandeira das Luzes e da independência intelectual, defendendo a Europa contra a Ásia; tampouco se deve menos aos seus esforços o fato de finalmente vir a triunfar uma explicação do mundo mais natural, mais conforme à razão e certamente não mística, e de o anel da cultura que hoje nos liga às luzes da Antiguidade greco-romana não ter se rompido. Se o cristianismo tudo fez para orientalizar o Ocidente, o judaísmo contribuiu de modo essencial para ocidentalizá-lo de novo: o que, num determinado sentido, significa fazer da missão e da história da Europa uma continuação da grega (Friedrich Nietzsche, "Humano, demasiado humano", Cia de Letras, p. 257-258, Aforismo 475, ano 2001, São Paulo).

#44. As dez coisas que nós acreditamos que nos farão felizes, mas que não fazem, segundo Matthieu Ricard, são:

1. Ser rico, poderoso e famoso.

2. Tratar o universo como se fosse um catálogo de pedidos para os nossos caprichos e desejos.

3. Desejar a "liberdade" para fazer tudo o que vem à mente (isto não é ser livre, mas escravo de nossos pensamentos).

4. Buscar constantemente nossas sensações prazerosas, uma após a outra (as sensações de prazer rapidamente se desfazem e se tornam até chatas ou desconfortáveis).

5. Querer nos vingar de forma maldosa de qualquer pessoa que nos tenha ferido (ao fazer isso nós nos tornamos tão ruins quanto eles, e envenenamos nossas mentes).

6. "Se eu tivesse tudo, certamente ficaria feliz", ou "Se eu tiver isto ou aquilo, eu posso ser feliz " (tais previsões não são geralmente corretas).

7. Querer sempre ser lisonjeado e nunca enfrentar qualquer tipo de crítica (o que não nos ajudará a progredir).

8. Eliminar todos os seus inimigos (a animosidade nunca nos trará a felicidade).

9. Nunca enfrentar as adversidades (isto nos faz fracos e vulneráveis).

10. Enfocar os nossos esforços em apenas cuidar de nós mesmos (o amor altruísta e compaixão são as raízes da verdadeira felicidade).

#45. De fato, não há estupidez maior do que um homem apenas inteligente...

Informar-se não elevará teu conhecimento; obter conhecimento nunca te concederá a sabedoria - que é o conhecimento temperado pela ética.

Ética: do original grego que significa: «O estado da alma que nos aproxima dos deuses através da criação».

"O homem ético é cúmplice da Criação e se afasta da destruição". Píndaro - séc. VI a.C.

#46. A beleza das "Gymnopedies" – desnudar dos jovens – na cultura minoica em Creta:

Eram exercícios ginásticos da mais alta destreza onde o touro não sofria ferimento algum e o objetivo era a superação da força bruta através da elegância e destrezas ginásticas, executando saltos ornamentais sobre o torso do touro, enquanto uma jovem corajosamente segurava seus chifres.

Bem mais digno que as estúpidas e desumanas touradas, não acham?

E ainda por cima era exercida uma elevada Paideia!

#47. Sobre o significado universal de "amém".

A palavra "amém" é arcaíssima e vem das línguas dos sumérios, acadianos, egípcios etc. Sua raiz está no enunciado mântrico "mous" e no som cósmico "mmmmmm" que é a voz dos deuses que ouvimos quando há silêncio cósmico total. Ela é uma invocação esperançosa de que os deuses falem ou se manifestem.

#48. Uma Fábula Moderna sobre o inferno:

Foi tudo muito rápido. A executiva bem-sucedida sentiu uma pontada no peito, vacilou, cambaleou, deu um gemido e apagou. Quando voltou a abrir os olhos, viu-se diante de um imenso portal. Ainda meio zonza, atravessou-o e deu de cara com uma miríade de pessoas, todas vestindo cândidos camisolões e caminhando despreocupadas. Sem entender bem o que estava acontecendo, a executiva bem-sucedida abordou um dos passantes:

- Enfermeiro, eu preciso voltar urgente para o meu escritório porque tenho um meeting importantíssimo. Aliás, acho que fui trazida para cá por engano, porque meu convênio médico é classe A, e isto aqui está me parecendo mais um pronto-socorro. Onde é que nós estamos?

- No céu.

- No céu?...

- É. Tipo assim, o céu, aquele. Com querubins voando e coisas do gênero.

- Que é isso amigo, você está com gozação?

- Certamente. Aqui todos vivemos em estado de gozo permanente.

Apesar das óbvias evidências (nenhuma poluição, todo mundo sorrindo, ninguém usando telefone celular), a executiva bem-sucedida custou um pouco a admitir que havia mesmo apitado na curva. Tentou então o plano B: convencer o interlocutor, por meio das infalíveis técnicas avançadas de negociação, de que aquela situação era inaceitável. Porque, ponderou, dali a uma semana ela iria receber o bônus anual, além de estar fortemente cotada para assumir a posição de presidente do conselho de administração da empresa. E foi aí que o interlocutor sugeriu:

- Talvez seja melhor você conversar com Pedro, o síndico.

- É? E como é que eu marco uma audiência? Ele tem secretária?

- Não, não. Basta estalar os dedos e ele aparece.

- Assim? (...)

- Pois não?

A executiva bem-sucedida quase desaba da nuvem. À sua frente, imponente, segurando uma chave que mais parecia um martelo, estava o próprio Pedro.

Mas a executiva havia feito um curso intensivo de *approach* para situações inesperadas e reagiu rapidinho:

- Bom dia. Muito prazer. Belas sandálias. Eu sou uma executiva bem-sucedida e...

- Executiva.... Que palavra estranha. De que século você veio?

- Do 21. O distinto vai me dizer que não conhece o termo "executiva"?

- Já ouvi falar. Mas não é do meu tempo.

Foi então que a executiva bem-sucedida teve um *insight*. A máxima autoridade ali no paraíso aparentava ser um zero à esquerda em modernas técnicas de gestão empresarial. Logo, com seu brilhante currículo tecnocrático, a executiva poderia rapidamente assumir uma posição hierárquica, por assim dizer, celestial ali na organização.

- Sabe, meu caro Pedro, se você me permite, eu gostaria de lhe fazer uma proposta. Basta olhar para esse povo todo aí, só batendo papo e andando à toa, para perceber que aqui no Paraíso há enormes oportunidades para dar um *upgrade* na produtividade sistêmica.

- É mesmo?

- Pode acreditar, porque tenho PHD em reengenharia. Por exemplo, não vejo ninguém usando crachá. Como é que a gente sabe quem é quem aqui, e quem faz o quê?

- Ah, não sabemos.

- *Headcount*, então, não deve constar em nenhum versículo, correto?

- Hã?

- Entendeu o meu ponto? Sem controle, há dispersão. E dispersão gera desmotivação. Com o tempo, isto aqui vai acabar virando uma anarquia. Mas nós dois podemos consertar tudo isso rapidinho implementando um simples programa de *targets* individuais e avaliação de performance.

- Que interessante...

- Depois, mais no médio prazo, assim que os fundamentos estiverem sólidos e o pessoal começar a reclamar da pressão e a ficar estressado, a gente acalma a galera bolando um sistema de *stock option*, com uma campanha motivacional impactante, tipo: "O melhor céu da América Latina".

- Fantástico!

- É claro que, antes de tudo, precisaríamos de uma hierarquização de um organograma funcional, nada que dinâmicas de grupo e avaliações de perfis psicológicos não consigam resolver. Aí, contrataríamos uma consultoria especializada para nos ajudar a definir as estratégias operacionais e estabeleceríamos algumas metas factíveis de *leverage*, maximizando, dessa forma, o retorno do investimento do Grande Acionista... Ele existe, certo? - Sobre todas as coisas.

- Ótimo. O passo seguinte seria partir para um *downsizing* progressivo encontrar sinergias *hi-tech*, redigir manuais de procedimento, definir o *marketing mix* e investir no desenvolvimento de produtos alternativos de alto valor agregado. O mercado telestérico, por exemplo, me parece extremamente atrativo.

- Incrível!

- É obvio que, para conseguir tudo isso, nós dois teremos que nomear um *board* de altíssimo nível. Com um pacote de remuneração atraente, é claro. Coisa assim de salário de seis dígitos e todos os *fringe benefits* e mordomias de praxe. Porque, agora falando de colega para colega, tenho certeza de que você vai concordar comigo, Pedro. O desafio que temos pela frente vai resultar em um *turnaround* radical.

- Impressionante!

- Isso significa que podemos partir para a implementação?

- Não. Significa que você terá um futuro brilhante se for trabalhar com o nosso concorrente. Porque você acaba de descrever, exatamente, como funciona o Inferno...

#49. Cuidado, provocar pessoas inteligentes pode ser muito perigoso!

Não perca excelentes oportunidades de ficar de boca fechada!

Certa vez Einstein recebeu uma carta da miss New Orleans onde dizia a ele:

- Prof. Einstein, gostaria de ter um filho com o senhor. A minha justificativa se baseia no fato de que eu, como modelo de beleza, teria um filho com o senhor e, certamente, o garoto teria a minha beleza e a sua inteligência.

Einstein respondeu:

- Querida miss New Orleans, o meu receio é que o nosso filho tenha a sua inteligência e a minha beleza.

Quando Churchill fez 80 anos um repórter de menos de 30 foi fotografá-lo e disse:

- Sir Winston, espero fotografá-lo novamente nos seus 90 anos.

Resposta de Churchill:

- Por que não? Você me parece bastante saudável.

Telegramas trocados entre o dramaturgo Bernard Shaw e Churchill, seu desafeto:

Convite de Bernard Shaw para Churchill:

"Tenho o prazer e a honra de convidar o digno primeiro-ministro para a primeira apresentação de minha peça Pigmaleão.

Venha e traga um amigo, se tiver" (Bernard Shaw).

Resposta de Churchill:

"Agradeço ao ilustre escritor pelo honroso convite.

Infelizmente não poderei comparecer na primeira apresentação.

Irei à segunda - se houver" (Winston Churchill.).

O General Montgomery estava sendo homenageado, pois venceu Rommel na batalha da África, na IIª Guerra Mundial.

Discurso do General Montgomery:

"Não fumo, não bebo, não prevarico e sou herói".

Churchill ouviu o discurso e retrucou:

"Eu fumo, bebo, prevarico e sou chefe dele".

#50. Receita para se ter saúde mental para sempre.

Uma aguda reflexão do saudoso Rubem Alves:

"Faço uma lista das pessoas que, do meu ponto de vista, tiveram uma vida mental rica e excitante, pessoas cujos livros e obras foram alimento para a minha alma.

Nietzsche,

Fernando Pessoa,

Van Gogh,

Wittgenstein,

Cecília Meireles,

Maiakovski.

E assusto-me.

Nietzsche ficou louco.

Fernando Pessoa era dado à bebida.

Van Gogh matou-se.

Wittgenstein alegrou-se ao saber que iria morrer em breve: não suportava mais viver com tanta angústia.

Cecília Meireles sofria de uma suave depressão crônica.

Maiakovski suicidou-se.

Essas eram pessoas lúcidas e profundas que continuarão a ser pão para os vivos muito depois de nós termos sido completamente esquecidos. Mas será que tinham saúde mental?

Saúde mental, essa condição em que as ideias se comportam bem, sempre iguais, sem surpresas, obedientes ao comando do dever, todas as coisas nos seus lugares, como soldados em ordem unida, jamais permitindo que o corpo falte ao trabalho, ou que faça algo inesperado; nem é preciso dar uma volta ao mundo num barco a vela, bastar fazer o que fez a Shirley Valentine (se ainda não viu, veja o filme) ou ter um amor proibido ou, mais perigoso que tudo isso, a coragem de pensar o que nunca pensou.

Pensar é uma coisa muito perigosa... não, saúde mental elas não tinham... eram lúcidas demais para isso.

Elas sabiam que o mundo é controlado pelos loucos e idosos de gravata. Sendo donos do poder, os loucos passam a ser os protótipos da saúde mental.

Claro que nenhum dos nomes que citei sobreviveria aos testes psicológicos a que teria de se submeter se fosse pedir emprego numa empresa. Por outro lado, nunca ouvi falar de político que tivesse depressão. Andam sempre fortes em passarelas pelas ruas da cidade, distribuindo sorrisos e certezas.

Sinto que meus pensamentos podem parecer pensamentos de loucos e por isso apresso-me aos devidos esclarecimentos.

Nós somos muito parecidos com computadores. O funcionamento dos computadores, como todo mundo sabe, requer a interação de duas partes. Uma delas chama-se *hardware*, literalmente "equipamento duro", e a outra se denomina *software*, "equipamento macio".

O *hardware* é constituído por todas as coisas sólidas com que o aparelho é feito.

O *software* é constituído por entidades "espirituais" - símbolos que formam os programas e são gravados.

Nós também temos um *hardware* e um *software*. O *hardware* são os nervos do cérebro, os neurônios, tudo aquilo que compõe o sistema nervoso. O *software* é constituído por uma série de programas que ficam gravados na memória.

Do mesmo jeito como nos computadores, o que fica na memória são símbolos, entidades levíssimas, dir-se-ia mesmo "espirituais", sendo que o programa mais importante é a linguagem. Um computador pode enlouquecer por defeitos no *hardware* ou por defeitos no *software*. Nós também.

Quando o nosso *hardware* fica louco há de se chamar psiquiatras e neurologistas, que virão com suas poções químicas e bisturis consertar o que se estragou. Quando o problema está no *software*, entretanto, poções e bisturis não funcionam.

Não se conserta um programa com chave de fenda. Porque o *software* é feito de símbolos; somente símbolos podem entrar dentro dele. Assim, para se lidar com o *software* há que se fazer uso dos símbolos. Eles podem vir de poetas, humoristas, palhaços, escritores, gurus, amigos e até mesmo psicanalistas...

Acontece, entretanto, que esse computador que é o corpo humano tem uma peculiaridade que o diferencia dos outros: o seu *hardware*, o corpo, é sensível às coisas que o seu *software* produz. Pois não é isso que acontece conosco?

Ouvimos uma música e choramos. Lemos os poemas eróticos de Drummond e o corpo fica excitado. Imagine um aparelho de som; imagine que o CD e os acessórios, o *hardware*, tenham a capacidade de ouvir a música que ele toca e se comover.

Imagine mais; imagine que a beleza é tão grande que o *hardware* não a comporta e se arrebenta de emoção! Pois foi isso que aconteceu com aquelas pessoas que citei no princípio:

A música que saia de seu *software* era tão bonita que seu *hardware* não suportou...

Dados esses pressupostos teóricos, estamos agora em condições de oferecer uma receita que garantirá, àqueles que a seguirem à risca, a "saúde mental" até o fim dos seus dias.

Opte por um *software* modesto. Evite as coisas belas e comoventes. A beleza é perigosa para o *hardware*.

Cuidado com a música... Brahms, Mahler, Wagner, Bach são especialmente contraindicados.

Quanto às leituras, evite aquelas que fazem pensar. Tranquilize-se; há uma vasta literatura especializada em impedir o pensamento.

Se há livros de autoajuda e do doutor Lair Ribeiro, por que se arriscar a ler Saramago? Os jornais têm o mesmo efeito.

Devem ser lidos diariamente. Como eles publicam diariamente sempre a mesma coisa com nomes e caras diferentes, fica garantido que o nosso *software* pensará sempre coisas iguais.

E, aos domingos, não se esqueça do Silvio Santos e do Gugu Liberato.

Seguindo essa receita você terá uma vida tranquila, embora banal. Mas como você cultivou a insensibilidade, não perceberá o quão banal ela é. E, em vez de ter o fim que tiveram as pessoas que mencionei, você se aposentará para, então, realizar os seus sonhos.

Infelizmente, entretanto, quando chegar tal momento, você já terá se esquecido de como eles eram..."

#51. Pessoas que só cuidam de sua saúde física podem ser tão monstruosas como aquelas que não cuidam.

A grande questão está em cuidar da saúde ética - artigo em falta no mercado...

O ser humano... esse paradoxo.

#52. Está na hora de se eleger um novo líder mundial, e você tem direito a voto.

Aqui estão algumas informações sobre os três candidatos:

Candidato A - Esteve associado a políticos corruptos, consulta astrólogos.

Já teve duas amantes. Fuma como uma chaminé e bebe de 8 a 10 Martinis por dia.

Candidato B

- Já foi despedido de dois empregos, costuma dormir até o meio-dia, usava ópio na universidade e bebe um quarto de uma garrafa de whisky todas as noites.

Candidato C

- Ele é um herói de guerra! Condecorado. É vegetariano, não fuma, bebe uma cerveja ocasionalmente e nunca teve nenhuma relação extraconjugal.

Qual destes candidatos você selecionaria?

Qual é a sua resposta?

Pensou bem?

Então.... Aí vai...

Candidato A era: Franklin D. Roosevelt.

Candidato B era: Winston Churchill.

Candidato C era: Adolph Hitler.

Pensemos antes de pré-julgar os outros.

E lembre-se: Amadores... Construíram a Arca de Noé; profissionais...O Titanic!

#53. Dia do Trabalho — em favor dos ociosos

Como sinal de que decaiu a valorização da vida contemplativa, os eruditos de agora competem com os homens ativos numa espécie de fruição precipitada, de modo que parecem valorizar mais esse modo de fruir do que aquele que realmente lhes convém e que de fato é um prazer bem maior. Os eruditos se envergonham do *otium* [ócio]. Mas há algo de nobre no ócio e no lazer. — Se o ócio é realmente o começo de todos os vícios, então ao menos está bem próximo de todas as virtudes; o ocioso é sempre um homem melhor do que o ativo. — Mas não pensem que, ao falar de ócio e lazer, estou me referindo a vocês, preguiçosos.

— Friedrich Wilhelm Nietzsche, in Humano, Demasiado Humano - aforismo 284.

#54. Cada ser reúne determinados mitos que são seus talentos, personalidade e anseios. É seu DNA psíquico e espiritual (Trecho do meu novo áudio livro "A psicopatologia dos mitos").

#55. A função do Ócio Criador é renascer de si próprio e recriar-se constantemente no caminho da evolução. Platão fornece reflexões excelentes sobre isso, uma vez que queria recuperar o saber da verdadeira Paidéia, a arte de formar um homem não pelo conhecimento, mas pela ética e pela coragem de ser verdadeiro através de seus talentos – os princípios por excelência do pensamento arcaico como forma de educação.

Já o trabalho era visto como um tributo que se paga na Terra. Somos mortais, temos de sobreviver; então, vamos colher azeitonas, plantar árvores, tirar leite das cabras e levar à Ágora para trocar. Isso durava meio período. O resto era dedicado ao processo criador pessoal. Trabalhava-se apenas o necessário para sobreviver, não para acumular.

O homem moderno não sabe mais "ociar". Se o deixamos sem ter o que fazer, ele não tem contato com seu interior. Ou se distrai com algo que o anestesie, ou fica numa angústia enorme, ou no pior dos mundos: Uma culpa inafiançável!

#56. "Deus move o universo, mas não move uma palha naquilo que o homem pode fazer por si e por seus semelhantes!" Ditado arcaico oriental que serve de alerta aos incautos que esperam ajuda divina rezando e sem mais!

#57. Quem chegou aos 50 anos encarando a vida do mesmo modo que aos 20, simplesmente desperdiçou 30 anos de sua existência e missão nesta estada.

#58. Sobre a modificação dos textos cristãos dos apóstolos a respeito da retirada do voltar a viver em outro corpo (regeneração, metempsicose ou reencarnação como foi rebatizada por Alan Kardec).

Foi a imperatriz Teodora, esposa de Justiniano, que convocou no V séc. d.C. um concílio e "solicitou" aos arcebispos que retirassem partes referentes a regeneração dos corpos (era assim chamada a reencarnação, pois este nome se originou no espiritismo).

A razão disso é que ela era prostituta antes de se casar e se ela mantivesse essa crença ela própria teria de expiar seus erros das vidas passadas - coisa que obviamente não estava disposta a fazer. Simples, não? Para tanto basta ser imperatriz!

O espiritismo não é e nunca pretendeu ser uma nova religião, ao contrário, é uma tentativa de resgatar o cristianismo original que era, como se vê acima, regeneracionista e que cultivava a crença da metempsicose - voltar a viver em outro corpo. A isto, Alan Kardec rebatizou de reencarnação sendo pois um resgate espiritual do cristianismo original.

#59. Sobre os filhos: como fabricar o psicopata de amanhã que não terá noção alguma do que é culpa e menos ainda reparação.

Nós os sufocamos e somos por eles sufocados. Desse modo abandonamos nosso destino a cumprir "em prol" deles e os impedimos de cumprirem seus desígnios e mistério, pois não passam de sucedâneos dos desejos narcisistas dos pais! Eis a fórmula: "Te amarei para todo o sempre, desde que sejas o que eu desejo - e não me importa quem realmente tu és!"

O desastre praticado pelos pais é considerar seu filho como "o último biscoito do pacote" sem que haja nada de factual que o justifique - simplesmente porque é seu filho.

Ou seja, um delírio narcisista de autorreferência por parte dos pais fabrica o delirante narcisista de amanhã - que fatalmente irá quebrar a cara, mas antes perturbará seriamente a todos à sua volta.

#60. Os papas que mais denegriram a igreja e representaram seu período mais negro:

A igreja sempre lutou uma batalha com seu próprio pessoal, corroído pelo vício que tomou conta de tudo. O problema é que em muitos casos as transgressões de política oficial começaram no topo.

Um dos primeiros papas, Sisto III (432-440), foi julgado por outra igreja por seduzir uma freira. Ele foi absolvido em sua defesa citando palavras de Cristo: "Aquele que estiver sem pecado atire a primeira pedra".

Em seguida, os piores papas na história são listados:

1-Sergius III (904-911)

Conhecido como "escravo de todos os vícios" por seus cardeais, chegou ao poder depois de assassinar seu antecessor e teve um filho com sua amante adolescente, 30 anos mais nova que ele, a prostituta Marozia; o filho ilegítimo do casal iria se tornar o próximo papa. Os mais altos cargos no Vaticano foram concedidos por meio de leilão, e o papado começou o seu "século dark".

2-Bento IX (1032-1048)

Continuamente chocou até mesmo os seus cardeais mais endurecidos pervertendo as crianças no Palácio de Latrão. Arrependeu-se de seus pecados, abdicou e se recolheu num mosteiro, mas mudou de ideia e reassumiu o papado. Foi "um devasso - escreveu Peter Damion -, um demônio do inferno disfarçado de padre."

3-João XII (955-964)

Aos dezesseis anos, ele foi acusado de dormir com suas duas irmãs e outros pecados vergonhosos. Descrito por um historiador da Igreja como "a escória", morreu aos vinte e sete anos, quando o marido de uma de suas amantes entrou em seu quarto, encontrou-o em flagrante e estourou seu crânio com um martelo.

4-Bonifcacio VIII (1294-13)

Depois de massacrar toda a população da cidade italiana de Palestrina, ele fez arranjos com uma mulher casada e a filha desta, tornando-se conhecido em toda Roma como pedófilo, sem vergonha. Ele proclamou que o sexo com crianças não era mais pecaminoso do que esfregar uma mão contra a outra - o que deve servir para o designar padroeiro dos sacerdote de Boston hoje. O poeta Dante reservou um lugar para ele no oitavo círculo do inferno.

5-Clementi VI (1342-1352)

Qualquer semelhança com o decoro foi abandonada quando o papado se mudou para Avignon, no sul da França, por 75 anos. O poeta Petrarca, batizou Clementi VI com o nome de Dionísio pelo número de amantes e da gravidade de sua gonorreia. Na sua morte, cinquenta sacerdotes ofereceram missa em sufrágio de sua alma por nove dias consecutivos, mas os franceses concluíram que não foi o suficiente.

6- Sisto IV (1471-1484)

Instalado novamente em Roma, o papado atingiu o seu ponto mais baixo em verdadeiro Renaissance (o historiador da Igreja Eamon Duffy compara Roma, com a Washington de Nixon, "uma cidade de prostitutas em nome da empresa e falcatruas políticas"). Sisto IV, que construiu a Capela Sistina, teve seis filhos ilegítimos, um com a sua irmã. Ele levantou uma igreja para prostitutas e foi acusado pelos sacerdotes de ter casos, mas os críticos argumentaram que isso era tudo o que podia para aumentar a prevalência da homossexualidade no clero.

7- Inocêncio VIII (1484-1492)

Este é lembrado como a Era de Ouro dos bastardos: ele reconheceu oito filhos ilegítimos, mas teve muitos mais e ainda assim encontrou tempo para lançar a Inquisição. Em seu leito de morte, ele ordenou a uma ama de leite agradável que lhe desse leite fresco de seu peito.

8- Alexander VI (1492-1503)

O implacável Rodrigo Borgia, que tomou o nome de Alexandre VI, presidida orgias em massa, Edward Gibbon escreveu. Um dos destaques de sua carreira foi a "justa putas" de 1501, em que cinquenta bailarinos foram convidados a se despir lentamente em torno dele. Alexandre e seus parentes jogaram castanhas e forçaram as mulheres a prostrar a seus pés como se fossem porcos; então ofereceu prêmios na forma de roupas finas e joias para o homem que poderia fornicar com mais mulheres. Outro passatempo de Alejandro era ver copulando cavalos. Depois de sua morte - o corpo deste papa foi expulso da Basílica de São Pedro como demasiado mal para ser enterrado em solo consagrado.

9- Julius II (1503-1513)

Ele é lembrado por ter encomendado afrescos de Michelangelo na Capela Sistina. Ele também foi o primeiro papa que contraiu a "doença francesa", sífilis, das prostitutas em Roma. Na Sexta-feira Santa de 1508 não deixou os fiéis vê-lo, pois estava completamente coberto de chagas da sífilis.

10- Júlio III (1550-1555)

O recalcitrante romântico Julius III se apaixonou por um jovem mendigo bonito, a quem viu lutando na rua com o macaco de um vendedor ambulante. O papa nomeou-o cardeal aos dezessete anos, o que inspirou um poema épico,

"In praise of sodomia", provavelmente escrito por um arcebispo descontente, dedicado em sua honra.

#61. Aprender a viver mais com menos! Eis a grande lição para a arte de viver e amar! Meu sábio avô me ensinou: "Não é o que você consegue ganhar que importa, mas o que aprende a não precisar gastar!"

#62. Dez Coisas que Levei Anos Para Aprender (Luís Fernando Veríssimo)

1. Uma pessoa que é boa com você, mas grosseira com o garçom, não pode ser uma boa pessoa.

2. As pessoas que querem compartilhar as visões religiosas delas com você, quase nunca querem que você compartilhe as suas com elas.

3. Ninguém liga se você não sabe dançar. Levante e dance.

4. A força mais destrutiva do universo é a fofoca.

5. Não confunda nunca sua carreira com sua vida.

6. Jamais, sob quaisquer circunstâncias, tome um remédio para dormir e um laxante na mesma noite.

7. Se você tivesse que identificar, em uma palavra, a razão pela qual a raça humana ainda não atingiu (e nunca atingirá) todo o seu potencial, essa palavra seria "reuniões".

8. Há uma linha muito tênue entre "hobby" e "doença mental".

9. Seus amigos de verdade amam você de qualquer jeito.

10. Nunca tenha medo de tentar algo novo. Lembre-se de que um amador solitário construiu a Arca. Um grande grupo de profissionais construiu o Titanic.

#63. Reflexão de Albert Camus sobre "O Mito de Sísifo" - que em francês permite o trocadilho como "O Mito decisivo". De fato, quem ousar tentar dominar a morte como Sísifo tentou, será condenado a perder o direito de evoluir em busca da reconquista da imortalidade perdida.

#64. Nobreza de espírito é a graça – ou a habilidade – de jogar, seja no céu, seja na terra (Joseph Campbell, "As máscaras de Deus", Vol. I: "Mitologia Primitiva").

#65. Sobre a função e a disfunção de inteligência - que não é e não pode ser nossa única luz!

Lâmpadas e Inteligências (Rubem Alves)

As lâmpadas servem para iluminar. Para isso, são dotadas de potências de iluminação diferentes.

Há lâmpadas de 60 watts, de 100 watts, de 150 watts.... Esse número em watts diz o poder de iluminação da lâmpada.

Também as inteligências servem para iluminar.

Nos gibis, o desenhista, para dizer que um personagem teve uma boa ideia, desenha uma lâmpada acesa sobre a sua cabeça.

As inteligências, à semelhança das lâmpadas, também têm potências de iluminação diferentes.

Os homens inventaram testes para medir a "wattagem" das inteligências.

Ao poder de iluminação das inteligências deram o nome de "QI", coeficiente de inteligência.

As inteligências não são iguais. Pessoas a quem os testes inventados pelos homens atribuíram um QI 200, têm um poder muito grande para iluminar.

Alguns, para se gabar, chegam a mostrar sua carteirinha, dizendo que sua inteligência tem uma "wattagem" alta.

Mas, nós não olhamos para as lâmpadas. As lâmpadas não são para serem vistas. As lâmpadas valem pelas cenas que iluminam e não pelo brilho.

Olhar diretamente para a lâmpada ofusca a visão.

Há inteligências de "wattagem" 200 que só iluminam esgotos e cemitérios. E há inteligências modestas, como se fossem nada mais do que a chama de uma vela, que iluminam sorrisos.

Uma lâmpada não tem vontade própria. Ela ilumina o objeto que o seu dono escolhe para ser iluminado.

A inteligência, como as lâmpadas, não tem vontade própria. Ela ilumina os objetos que o coração do seu dono determina que sejam iluminados.

A inteligência de quem ama dinheiro ilumina dinheiro, a inteligência dos criminosos ilumina o crime, a inteligência dos artistas ilumina a beleza.

A inteligência é mandada. Só lhe compete obedecer.

#66. Sermão da quarta-feira de cinzas (Padre Antônio Vieira)

Se então havemos de desejar em vão começar outra vida, comecemo-la agora: "Dixi: nunc caepi". Comecemos de hoje em diante a viver como quereremos ter vivido na hora da morte. Vive assim como quiseras ter vivido quando morras. [...] cuidemos nisto, cristãos, cuidemos nisto. Em que cuidamos, e em que não cuidamos? Homens mortais, homens imortais, se todos os dias podemos morrer, se cada dia vamos chegando mais à morte, e ela a nós, não se acabe com este dia a memória da morte. Resolução, resolução uma vez, que sem resolução nada se faz. E para que esta resolução dure e não seja como outras, tomemos cada dia uma hora em que cuidemos bem naquela hora. De vinte e quatro horas que tem o dia, por que se não dará uma hora à triste alma? Esta é a melhor devoção e mais útil penitência, e mais agradável a Deus, que podeis fazer nesta quaresma. Tomar uma hora cada dia, em que só com Deus e conosco cuidemos na nossa morte e na nossa vida. E porque espero da vossa piedade e do vosso juízo que aceitareis este bom conselho, quero acabar deixando-vos quatro pontos de consideração para os quatro quartos desta hora. Primeiro: quanto tenho vivido? Segundo: como vivi? Terceiro: quanto posso viver? Quarto: como é bem que viva? Torno a dizer para que vos fique na memória: Quanto tenho vivido? Como vivi? Quanto posso viver? Como é bem que viva? "*Memento homo!*"

Ou, se é possível traduzir as quatro indagações existenciais propostas pelo jesuíta para o enigma da Esfinge: "Quem sou eu? Que faço aqui? De onde vim? Para onde vou?".

#67. Machado de Assis, em arremate de uma crônica publicada em 2 de março de 1864, tratando dos festejos momescos:

E com isto deixo o leitor, que arderá por ir tomar parte na folgança destes três dias, a não ser que, como eu, olhe para estas coisas de mascarados como uma distração muito vulgar. Em verdade, será preciso esperar o carnaval para ver mascarados? Há muita gente que, apenas o Sr. Laemmert publica nas suas folhinhas, corre a ver em que época é o carnaval. Essa gente é de patriarcal simplicidade. O carnaval desta terra é constante, e é a política que nos oferece o espetáculo de um contínuo disfarce e dançatriz farófia, como dizia Filinto.

Se pensas como eu, ó serio leitor, limita-te a ver passar os que se divertem, e vai depois entreter o resto da noite com a leitura do livro que imortalizou Erasmo.

#68. O amor deve ser vivido e aceito, jamais entendido, seja pela razão ou pelo intelecto. A arte de amar passa pelo mistério da aceitação do outro como ele é; perscrutar e querer conhecê-lo "psicologicamente" é rota certa para o desastre. O amor quando conhecido, morre. Trecho de meu livro "O casamento de Eros e Psiquê".

#69. Um jovem advogado foi indicado para inventariar os pertences de um senhor recém falecido. Segundo o relatório do seguro social, o idoso não tinha herdeiros ou parentes vivos. Suas posses eram muito simples. O apartamento alugado, um carro velho, móveis baratos e roupas puídas. "Como alguém passa toda a vida e termina só com isso?", pensou o advogado. Anotou todos os dados e ia deixando a residência quando notou um porta-retratos sobre um criado mudo.

Na foto estava o velho morto. Ainda era jovem, sorridente, ao fundo um mar muito verde e uma praia repleta de coqueiros. À caneta escrito bem de leve no canto superior da imagem lia-se "sul da Tailândia". Surpreso, o advogado abriu a gaveta do criado e encontrou um álbum repleto de fotografias. Lá estava o senhor, em diversos momentos da vida, em fotos por todo canto do mundo.

Em um tango na Argentina, na frente do Muro de Berlim, em um tuk tuk no Vietnã, sobre um camelo com as pirâmides ao fundo, tomando vinho em frente ao Coliseu, entre muitas outras. Na última página do álbum um mapa, quase todos os países do planeta marcados com um asterisco vermelho, indicando por onde o velho tinha passado. Escrito à mão no meio do Oceano Pacífico uma pequena poesia:

Não construí nada que me possam roubar.
Não há nada que eu possa perder.
Nada que eu possa trocar.
Nada que se possa vender.
Eu que decidi viajar.
Eu que escolhi conhecer.
Nada tenho a deixar.
Porque aprendi a viver...

#70. O objetivo da vida é fazer com que as batidas do teu coração coincidam com as batidas do Universo para sincronizar tua natureza com a Natureza cósmica. (Joseph Campbell, "Em companhia de Joseph Campbell: Reflexões sobre a arte de viver")

A isto a tradição iniciática chamava de "harmonia cósmica".

#71. "Diz a antiga tradição iniciática que os homens não suportam os filhos dos Deuses. Matam-nos para no dia seguinte erguer-lhes estátuas. Estas, sim, poderão ser adoradas. Não os suportam vivos, pois são a grande prova de sua insensatez..."

#72. Pensamentos sábios e divertidos para a arte de viver e amar!

1. Se você for muito compreensivo, seu cérebro explodirá.

2. Idade é um preço muito alto que se paga pela maturidade.

3. Ir à igreja não te fará um cristão, do mesmo modo que se colocando numa garagem não te transformarás num carro.

4. Inteligência artificial não é páreo para a estupidez natural da condição humana. Einstein dizia que não sabia se o universo era infinito, mas tinha certeza sobre a estupidez.

5. Se você tiver que escolher entre duas tentações, escolha aquela que você nunca tentou.

6. Minha ideia de serviço doméstico é varrer tudo de relance – sem precisar mover uma palha.

7. Não existe a mínima evidência de que a vida deva ser levada a sério. "Na vida tudo é jogo e comédia; pobre de quem a leva a sério e, principalmente, se leva a sério. Você começa a viver quando ri de si mesmo" (Tábua das Esmeraldas, atribuída ao deus Hermes - séc. V a. C.).

8. É mais fácil obter o perdão que a permissão.

9. Para toda ação, há um programa de governo igual e oposto.

10. Se você está parecido com seu retrato no passaporte, precisa viajar urgente!

11. Contas viajam pelo correio ao dobro da velocidade dos cheques.

12. Consciência é o que dói quando todo o resto se sente bem.

13. Coma bem para que fique elegante e saudável; morrerá de qualquer maneira. A morte tem excelente memória, pois nunca se esqueceu de ninguém.

14. Homens são oriundos do planeta Terra. Mulheres também. Durma com um barulho desses.

15. Nenhum homem jamais foi assassinado enquanto lavava a louça.

16. Uma dieta bem balanceada é um doce em cada mão.

17. Meia idade é quando a acuidade e a fineza da mente dão lugar à cintura.

18. Oportunidades sempre parecem melhores partindo do que chegando.

19. Lixo e tranqueiras são coisas que você sempre guardou durante anos - e jogou fora três semanas antes de precisar delas.

20. Numa reunião de negócios sempre há mais um imbecil quando você pensou que já tinha contado todos.

21. Experiência é uma coisa maravilhosa. Permite reconhecer um erro quando você o está cometendo novamente.

22. Quando você encontra os meios, eles mudam os fins.

23. Nunca pese mais do que seu refrigerador.

24. Alguém que pensa logicamente provê um contraste incrível com o mundo real.

25. Finalmente, não é a calça jeans que faz tua bunda parecer tão grande. Você engordou!

#73. Eis o êxtase do belo! Sua plenitude ao tocar o divino era o objetivo de todo artista na Grécia antiga e a este estado sublime da alma denominavam: "kallosagathia ou kalokaghathia". Platão considerava que este era o mais elevado estado de nossa alma, onde o divino se revelava e nos penetrava! Este era também chamado "Entheoasmos" - Deuses que te adentram. É o significado original da palavra "entusiasmo". Este é apenas um dos empobrecimentos das línguas modernas que retratam uma modernidade materialista e o abandono da busca do belo como essência da arte de viver e amar.

#74. Mensagem multimilenar da tradição índia sobre o que é realmente ter saúde!

"Para nós, a saúde é um estado ao que chamamos 'tekoresai'; e para que esta 'condição de saúde plena' seja possível, deve haver diversas coisas e situações; todas elas pertencem à 'condição de saúde plena' e a constituem: as plantas e árvores, tomadas unicamente como meios curativos; mas também todas as árvores e plantas em seu conjunto; as palavras verdadeiras e equilibradas ou a boa alimentação; o não-passar-por-cima-dos-outros; a selva virgem, a harmonia, a comunidade da aldeia; o falar e dialogar com os outros; a conservação e proteção de nossa 'forma de ser'; o viver nossa própria cultura e a forma de ser; o sentimento da força, que nos é dada através de todas as coisas que tenho mencionado; a união de nossa comunidade; o viver tranquilos e em segurança em nossa terra; o viver juntos em família e na comunidade aldeã; as festas. – Então, vêm vocês brancos e nos fazem dependentes do dinheiro e de outras coisas materiais: isto destrói nossa 'condição de saúde plena'. Vocês dizem coisas más, falam mal dos outros; se apropriam de nossa terra, não ter terra quer dizer não comer nada, não comer nada quer dizer enfermidade. E, finalmente, buscando em seus bolsos, vocês sacam uma pílula branca e querem fazer-nos crer que se tomarmos essa pílula ali está a saúde, que ela seria a saúde..."

A única saúde verdadeira é a saúde ética; todas as demais são consequência - e de nada adianta ser natureba e/ou frequentar academias sem ela!

#75. Quem não aprender a descer jamais servirá para subir. Aforismo atribuído ao deus Hermes, psicopompo, o deus dos caminhos de iniciação!

#76. "Somos assim: sonhamos o voo, mas tememos as alturas. Para voar é preciso amar o vazio. Porque o voo só acontece se houver o vazio. O vazio é o espaço da liberdade, a ausência de certezas. Os homens querem voar, mas temem o vazio. Não podem viver sem certezas. Por isso trocam o voo por gaiolas. As gaiolas são o lugar onde as certezas moram" (Fiódor Dostoiévski, "Os irmãos Karamazov").

#77. É um engano pensar que os homens seriam livres se pudessem, que eles não são livres porque um estranho os engaiolou, que se as portas das gaiolas estivessem abertas eles voariam. A verdade é o oposto. Os homens preferem as gaiolas ao voo. São eles mesmos que constroem as gaiolas onde passarão as suas vidas. (Rubem Alves)

#78. O séc. XXI é o século dos Narcisos(as), que nada sabem em matéria de se doar e tudo exigem como entrega.

#79. Mais ainda, é o século dos contatos imediatos e logo a seguir o esquecimento e o abandono!

Isto não vai dar certo! O humano necessita de contatos estáveis e duradouros para sobreviver; realmente, a humanidade está doente.

Estamos na era do descartável e o primeiro a ser descartado somos nós mesmos - embora achássemos que nunca seríamos - e que só os outros seriam, jamais nós!

#80. "Pan que amou Eco que amou Narciso que não amou ninguém...

Eco é aquela que tudo entrega, Narciso é aquele que nada dá de si. Entre o extremo de um Narciso e o extremo de uma Eco está a história de toda a humanidade e cada um que tome lugar nesse teatro, A que ponto você está perto do Narciso e a que ponto você está mais perto de Eco? Porque somos a ambiguidade e temos os dois em nós; é nos extremos que nos perdemos; é quando amamos demais a nós mesmos que não sabemos enxergar nada e quando não amamos a nós mesmos e entregamos tudo de nós que morremos do mesmo jeito, pois é perigoso entregar o essencial de si ao outro e quem te ama de verdade nunca te pedirá isso."

#81. Em maio de 1941, C. G. Jung publicou em Zurique, o comentário abaixo.

Um gênio à frente de seu tempo e de uma atualidade chocante!

"Graças às melhorias na mídia e ao sensacionalismo barato oferecido pelo cinema, rádio, jornais e milhares de "entretenimentos" de toda espécie, a vida humana do passado recente aproximou-se a passos largos de um estado que não mais se diferenciava da agitação americana. No tocante aos divórcios, Zurique já alcançou o recorde americano. Todos os meios para economizar tempo, entre os quais estão as facilidades de comunicação e outras comodidades, paradoxalmente não economizam tempo; só servem para encher o tempo disponível de tal forma que não se tenha tempo para mais nada. Disso resulta forçosamente uma pressa febril, superficialidade e fadiga nervosa com todos os sintomas concomitantes como ânsia por estímulos, impaciência, irritabilidade, vacilação etc. Este estado pode levar a várias coisas, mas não a uma cultura maior do espírito e do coração. "

#82. Nós temos que desejar nos livrar da vida que planejamos para nós mesmos, de modo a conquistar a vida que está nos esperando.

A antiga pele deve ser descartada para que possa nascer a nova.

Se nós nos fixarmos na velha forma de ser, ficaremos paralisados e por consequência esta fixação nos colocará em risco de putrefação.

O inferno é esta forma fixa de viver.

(Excertos de "Em companhia de Joseph Campbell: Reflexões sobre a arte de viver")

#83. Símbolos são energias cósmicas tão concretas e poderosas como os átomos e as ondas eletromagnéticas. Pertencem ao campo tão pouco estudado na modernidade da "psiquê cósmica" - e que é o centro das reflexões e estudos das antigas escolas dos mistérios.

Este é um ponto muito importante sobre a natureza dos símbolos: eles não se referem a eventos históricos; eles se referem através de eventos históricos a princípios espirituais e/ou psicológicos e forças que são o ontem, o hoje e o amanhã, e que estão por toda a parte e sempre. (Joseph Campbell, "Deusas: Mistérios do Feminino Divinizado")

#84. Esta é a beleza do humano! Amar como se é e não como se quer!

A perfeição não é humana. Seres humanos não são perfeitos. O que evoca o amor – e eu me refiro a amor, não a meras paixões – é a imperfeição do ser humano. Dessa maneira, quando a imperfeição da pessoa real nos atinge, eu devo dizer: "Este é o desafio para a minha compaixão". E se eu realmente assim proceder, então algo realmente amoroso terá início (Joseph Campbell, "Caminhos para o amor belo").

#85. O eterno são nossas verdadeiras paixões que há 10.000 anos eram as mesmas de hoje!

Amar e ser amado; ser reconhecido pelo que temos de melhor e termos o direito a ter defeitos e pequenas manias - este é nosso colorido único e especial! A isto se dá o nome de respeito e civilidade frente à diversidade.

#86. Comovo-me em excesso, por natureza e por ofício. Acho medonho alguém viver sem paixões (Graciliano Ramos).

#87. Janela sobre o medo (Eduardo Galeano)

A fome come o medo. O medo do silêncio atordoa as ruas.

O medo ameaça:

Se você amar, vai pegar aids.

Se fumar, vai ter câncer.

Se respirar, vai se contaminar.

Se beber, vai ter acidentes.

Se comer, vai ter colesterol.

Se falar, vai perder o emprego.

Se caminhar, vai ter violência.

Se pensar, vai ter angústia.

Se duvidar, vai ter loucura.

Se sentir, vai ter solidão.

#88. O sentido de tua vida é encontrar teus "dotes" (graças-talentos).

O objetivo dela é doar teus dotes ao outro! (Picasso.)

#89. Felizmente aprendi a tempo e não levo esse mundo estúpido a sério!

E sobrevivo muito bem obrigado!

Há mais de 40 anos aprendi a viver mais com menos!

Sou um autêntico vagabundo (*vaga mundus* - viajante do mundo) e só conheço esta lei:

Amar, ler e viajar!

#90. Se eu soubesse que tinha de trabalhar, estudar e levantar cedo, tinha dado o lugar a outro espermatozoide!

#91. Se você não lê os jornais, você está desinformado; se você, no entanto, lê, então você está mal informado (Mark Twain).

#92. Suponhamos que você seja um idiota. E suponhamos então que você seja um membro do governo. Ora bolas, estou sendo repetitivo (Mark Twain).

#93. Eu confesso que uma nação que tente taxar em nome de sua prosperidade é a mesma coisa que um homem dentro de um balde tentando se erguer pela alça (Winston Churchill).

#94. Um governo que rouba Pedro para pagar Paulo será sempre dependente do apoio de Paulo (George Bernard Shaw).

#95. Ajuda estrangeira pode ser definida como a transferência de dinheiro de gente pobre em países ricos para gente rica em países pobres (Douglas Casey, colega de classe de Bill Clinton na Georgetown University).

#96. Dar dinheiro e poder ao governo é a mesma coisa que dar whisky e a chave do carro para um adolescente (P.J. O'Rourke).

#97. O governo é uma grande ficção onde todo mundo se dispõe a viver às custas de "um outro todo mundo" (Frederic Bastiat, economista - 1801-1850)

#98. Eu não faço piadas. Eu apenas observo o governo e relato os fatos (Will Rogers)

#99. Se você pensa que o plano de saúde é caro, espere para ver o que custará quando ele for de graça! (P.J. O'Rourke).

#100. De modo geral, a arte de governar consiste em tomar tanto dinheiro quanto possível de uma parte dos cidadãos, para dá-lo aos outros que lhe interessam (Voltaire - 1764).

#101. Só porque você não se interessa em política isto não significa que os políticos não se "interessem" por você (Péricles - 430 B.C.).

#102. Nem a vida, nem a liberdade, nem suas propriedades estão a salvo quando o legislativo abre suas sessões (Mark Twain - 1866).

#103. Falar não custa nada, exceto quando o governo o faz (Anônimo).

#104. O governo é como o canal alimentar de um bebê, com um enorme apetite de um lado e nenhuma responsabilidade do outro (Ronald Reagan).

#105. A única diferença entre aquele que taxa impostos e o taxidermista é que este último ao menos deixa a pele (Mark Twain).

#106. Não existe claramente uma classe criminosa nativa americana exceto o governo (Mark Twain).

#107. O que este país precisa é de mais políticos desempregados (Edward Langley - 1928/1995)

#108. Um governo suficientemente forte para te dar tudo que você quer é forte o bastante para tirar tudo o que você tem (Thomas Jefferson).

#109. Nós enforcamos os pequenos ladrões, mas deixamos os grandes para o serviço público (Esopo)

#110. A constatação de que a água-viva sobrevive a 650 milhões de anos apesar de não ter cérebro é uma grande notícia para os estúpidos!

#111. Informação não é e nunca foi conhecimento!

Este exige aprender a refletir e a questionar - coisa que nenhuma escola de hoje ensina.

Pior: Reflexão e questionamento não são atividades meramente racionais. Exigem a intervenção da intuição e do afetivo - e não sua castração como hoje fazemos, fabricando psicopatas potenciais que somente se conduzem pela pretensa lógica e razão.

São os loucos disfarçados e candidatos à intolerância.

#112. A mente intuitiva é uma dádiva sagrada e a mente racional é sua serva fiel. Nós construímos uma sociedade que honra a serva, esquecendo a dádiva (Albert Einstein).

#113. Sobre o voltar a viver em outro corpo após a morte:

Metempsicose (do grego "meta-além de", psiquê "alma") é o termo genérico para transmigração da alma, de um corpo para outro, seja este do mesmo tipo de ser vivo ou não. Era uma crença amplamente difundida na Antiguidade, sendo encontrada no Egito, na Grécia, em Roma, na Índia, na China e no Japão!

#114. Sensações Maravilhosas do Ócio Criador

Poder dormir até tarde.

Achar dinheiro no bolso.

Receber um abraço apertado.

Rir até a barriga doer.

Não lembrar da última vez que chorou.

Fazer novos amigos.

Escutar que você é bonito(a).

Ouvir sua música preferida.

Fazer alguém rir.

Comer aquilo que você está desejando.

Amar e ser correspondido.

#115. Sobre a essência das doenças físicas e psíquicas.

Quem não ama adoece; quem se desvia de si mesmo adoece - Hipócrates.

E para isso de nada adiantam as "pílulas mágicas" da farmácia na esquina!

#116. O que não dizemos nos mata...

Saber para onde vão as palavras não ditas?

Aonde vai o que queremos fazer e não fazemos?

Aonde vai aquilo que queremos dizer e não dizemos?

Aonde vai aquilo que você não se permite sentir?

Nós gostaríamos que as palavras não ditas ficassem no ouvido, mas o que não dizemos se acumula no corpo, enche a alma de gritos mudos. O que não dizemos se transforma em insônia, em dor de garganta. O que não dizemos se transforma em nostalgia, em perda de tempo. O que não dizemos se transforma em dever, em dúvida, em assinatura pendente. As palavras que não dizemos se transformam em insatisfação, em tristeza, em frustração.

O que não dizemos não morre, nos mata.

#117. Sobre a radical diferença entre o homem arcaico (mítico heroico) e o homem moderno (individualista mercantilista).

"A mais importante diferença entre o homem das sociedades arcaicas

– assim chamadas mítico-eróticas – e o homem das sociedades modernas, com sua forte marca judaico-cristã, encontra-se no fato de o primeiro sentir-se indissoluvelmente vinculado com a harmonia dos ritmos cósmicos e da Mãe Natureza, enquanto que o segundo insiste em vincular-se apenas com a História" (Mircea Eliade - O Mito do Eterno Retorno). Como é fundamental o retorno ao mítico!

#118. Um dos temas mais difíceis e pouco explorados pela psicologia tem a ver com o papel do dinheiro para o bem-estar e a felicidade das pessoas.

Algumas pessoas veem no dinheiro um intermediário: é o que permite a elas adquirir os bens necessários e, em especial, os que são supérfluos.

A posse de bens supérfluos e acessíveis a poucos provoca em muita gente uma sensação de excitação agradável: é a manifestação da vaidade!

Os prazeres eróticos relacionados com a vaidade costumam ser efêmeros; assim, o desejo de adquirir outro bem raro logo toma conta da pessoa.

Tudo aquilo que provoca grande prazer efêmero tende a "pedir" repetição. Ativa conexões cerebrais peculiares, que correspondem aos vícios.

A compulsão pelo consumo se torna um problema, especialmente para aqueles que não são competentes para a boa administração de suas finanças.

Os problemas relacionados com o consumo exagerado de mercadorias são fortemente estimulados pelo ambiente cultural; e só geram infelicidade.

Pode parecer óbvio que o consumismo gera uma enorme insatisfação pelo que ainda não se possui, mas essa é a rota trilhada por muita gente!

Flávio Gikovate

#119. <u>Médico britânico prega semana de quatro dias de trabalho para combater o estresse</u>

John Ashton acredita que a medida deixaria as pessoas mais felizes, em contato com a família e ainda reduziria o desemprego

LONDRES - Um importante médico britânico deu entrevista ao jornal "Guardian" defendendo a adoção de uma semana de trabalho de quatro dias para combater altos níveis de estresse e doenças relacionadas, como hipertensão. De lambuja, a medida ainda reduziria o desemprego. Presidente da Faculdade de Saúde Pública do Reino Unido, John Ashton acredita que a semana atual, de cinco dias, é uma “má distribuição de trabalho”, que está danificando a saúde de muita gente.

— Quando você olha para a maneira como as pessoas estão vivendo, o estresse a que são submetidas e as consequentes faltas ao trabalho por doença são o maior problema. Deveríamos adotar a semana de quatro dias porque a questão hoje é a falta de proporção entre pessoas que trabalham demais e outras que não têm emprego — disse o médico ao jornal inglês.

Os membros da Faculdade de Saúde Pública do Reino Unido trabalham em questões como obesidade, dieta pobre, alcoolismo e tabagismo, geralmente relacionados à pobreza, ao desemprego e à falta de moradia, e tentam diminuir as discrepâncias entre ricos e pobres. Ashton usa seus três anos como presidente para aumentar a consciência das pessoas para o fato de que problemas como ansiedade e depressão podem ser causa ou efeito de muitas questões de saúde pública.

Para ele, encurtar a semana seria uma maneira de fazer as pessoas aproveitarem a vida, passarem mais tempo em família, e talvez reduzir os níveis de pressão arterial, já que haveria tempo para fazer exercícios.

— Um casal em que ambos trabalham, precisam trabalhar em horários diferentes para passar algum tempo com os filhos, é um pesadelo — diz o médico, que trabalhou 42 anos no Serviço Nacional de Saúde (NHS) e se aposentou ano passado.

A pesquisa YouGov divulgada em abril descobriu que 57% dos trabalhadores apoiam a ideia da semana de quatro dias, e 71% pensam que isso faria do Reino Unido um lugar mais feliz. A entrevista de Ashton ao repórter Denis Campbell aconteceu um dia depois de o governo ter estendido o direito de solicitar horário flexível de trabalho a todos os empregadores. Até então, só cuidadores e babás podiam fazer tal pedido no emprego.

O erro está em que as pessoas não foram educadas para o que fazer com seu tempo livre. Entram em angústia, depressão ou bebedeira.

#120. “Patriotismo é a convicção de que o país da gente é superior a todos os demais, simplesmente porque ali nascemos” (Bernard Shaw).

#121. Mitos não são invenções do imaginário humano, mas captações que fazemos da psique cósmica através de nosso poder imaginário!

Assim como captamos as galáxias através de nossos telescópios e rádio telescópios, captamos os padrões míticos cósmicos para o nosso entendimento do mistério da existência.

A mitologia é um sistema de imagens que incorpora o conceito do universo como divinamente energizado, que por sua vez diviniza o ambiente no qual nós vivemos... E um mito é uma única história sobre um único elemento de toda a mitologia, e as várias histórias da mitologia entrelaçam-se e o fazem para serem consistentes dentro da grande imagem cósmica.

Mitos não são inventados como são as histórias. Mitos são inspirações que realmente existem. Eles vêm da mesma realidade de onde vêm os sonhos (Joseph Campbell, em Jornal de Bill Moyer, abril 1981 na entrevista que mais tarde inspirou a série “O Poder do Mito”).

#122. Os cientistas dizem que somos feitos de átomos, mas a mim um passarinho contou que somos feitos de histórias (Eduardo Galeano).

Isto sim é a essência cósmica de que somos feitos: Psiquê mítica e universal da qual somos infinitas variações sobre o tema eterno do milagre de existir!

#123. “Na vida tudo é jogo e comédia e nada merece ser levado tão a sério - a começar por você!

Quando fores capaz de rir de ti mesmo, terás começado a viver e eu tenho sempre uma solução para a vida e também para a morte, pois sou o deus psicopompo!” Aforismo atribuído ao deus Hermes, condutor das almas para a arte de viver e para o além vida, o deus da regeneração das psiquês em novos corpos.

Tábua das Esmeraldas - Corpus Hermeticum ou Caiballion - texto sagrado egípcio do séc. XXII a. C.

#124. Não leve a vida muito a sério. Ninguém sairá vivo daqui!

#125. Ser normal é se vestir com as roupas que você comprou para trabalhar, dirigir no trânsito no carro que você ainda está pagando, de modo a chegar num trabalho que você precisa para poder pagar as roupas, o carro e a casa que você deixa vazia o dia inteiro, de modo a poder dizer que você nela vive (Ellen Goodman).

#126. Intuição: a tragédia de um saber destruído pelo Iluminismo e Racionalismo! Pior: Uma educação destruída sem a intuição!

#127. Aqui tudo é emprestado ou alugado!

Quando o sangue que corre em tuas veias retornar ao mar, e a terra de teus ossos retornar ao chão, talvez você se lembre de que esta terra não te pertence e és tu que a ela pertence (de um velho chefe índio).

#128. "No Brasil, temos vários exemplos de "belos velhos": Caetano Veloso, Gilberto Gil, Ney Matogrosso, Chico Buarque, Marieta Severo, Rita Lee, entre outros. Duvido que alguém consiga enxergar neles, que já chegaram ou estão chegando aos 70 anos, um retrato negativo do envelhecimento" (Trecho de "A bela velhice", de Mirian Goldenberg).

#129. Para nunca esquecer que o povo ama os ladrões e odeia os verdadeiros heróis! E então Pilatos perguntou para a multidão: Quem eu liberto?

O povo clamava: A Barrabás, o ladrão!

E assim que por mais de 2.000 anos o povo continua escolhendo os ladrões.

#130. Sobre o verdadeiro herói-heroína!

As mais belas pessoas que eu encontrei são aquelas que conheceram a derrota, o sofrimento, a luta e a perda e mesmo assim encontraram sua forma de sair desses abismos. Estas pessoas têm uma capacidade, uma sensibilidade e uma compreensão da vida plena de compaixão, humildade e uma profunda inquietude amorosa. Pessoas belas não surgem do nada (Elisabeth Kubler-Ross).

#131. Para refletir sobre a radical diferença entre Natureza e dignidade: temos de respeitá-la, mas nada temos a ver com ela!

Esta lei foi dada aos homens pelo filho de Cronos – Zeus: devorem-se entre si os peixes, as feras e as aves que voam, pois não existe justiça entre eles, mas aos homens concedi a possibilidade da Justiça, que é o maior dos bens: (Hesíodo, "Os Trabalhos e os Dias")

#132. Existe uma definição de Deus que já foi repetida por muitos filósofos: Deus é uma esfera inteligível – uma esfera conhecida pela mente, não pelos sentidos – cujo centro está em todo lugar e cuja circunferência está em lugar algum. E o centro é exatamente onde você está sentado. E o outro centro está exatamente onde eu estou sentado. E cada um de nós é uma manifestação deste mistério. Eis uma ótima realização mitológica do tipo que nos dá uma clara ideia de quem e o que você é (Joseph Campbell, "O Poder do Mito", com Bill Moyers).

#133. Não se trata aqui de um retorno ao primitivo, mas sim de se reaprender a viver mais e melhor com menos - e dar um adeus definitivo ao delírio consumista!

De um velho chefe aborígene: Nós não tínhamos bombas, pessoas sem teto, comida enlatada, nem estresse, nem doenças, nem pobreza, nem crimes, nem poluição. E ainda assim nos chamaram de primitivos e selvagens.

#134. Sobre Morfeu, o deus dos sonhos e do imaginário - que não é o deus do sono (este se chama Hypnos).

Você sabia que a palavra "morfina" deriva do deus grego Morfeu, a divindade do imaginário, das ilusões, das criações e até mesmo das alucinações? Filho de Hypnos, Morfeu é deus do sonho e se encarregava de codificá-los, mas sua personalidade rebelde o levava a produzir enganos nos sonhadores, de tal modo que muitas vezes produzia situações de angústia intercalando estes momentos com imagens agradáveis. Por isso, o significado de seu nome também era "aquele que nos faz ver imagens sedutoras".

Mas o fundamental é que Morfeu é o deus da forma por excelência, ou seja, aquele que possibilita a criação através do imaginário.

#135. A vida é como um sonho. É o acordar que nos mata (Virgínia Woolf).

#136. Os 42 mandamentos egípcios de Maat (a deusa da ética por excelência), enunciados 5000 anos (pelo menos!) antes dos nossos 10 Mandamentos! Maat refere-se ao conceito de justiça egípcio e é, também, o nome dado à deusa egípcia da justiça:

1. Honro a virtude.
2. Beneficio com gratidão.
3. Sou pacífico.
4. Respeito a propriedade alheia.
5. Afirmo que toda a vida é sagrada.
6. Faço ofertas genuínas.
7. Vivo na verdade.
8. Respeito todos os altares
9. Falo com sinceridade.
10. Consumo apenas o necessário
11. Ofereço palavras de boas intenções.
12. Relaciono-me em paz.
13. Honro os animais com reverência.
14. Sou confiável.
15. Preocupo-me com a Terra.
16. Sigo os meus próprios conselhos.
17. Falo dos outros de forma positiva.
18. Mantenho em equilíbrio as minhas emoções.
19. Sou leal nas minhas relações.
20. Tenho a pureza em grande consideração.
21. Espalho alegria.
22. Faço o melhor que posso.
23. Comunico com compaixão.
24. Ouço as opiniões contrárias.
25. Crio harmonia.

26. Provoco o riso.
27. Sou receptivo ao amor nas suas várias formas.
28. Aceito o perdão.
29. Sou generoso.
30. Respeito os outros
31. Aceito os outros.
32. Sigo a minha consciência.
33. Converso com atenção.
34. Faço o bem.
35. Abençoo os outros.
36. Mantenho as águas limpas.
37. Falo com boas intenções.
38. Venero os deuses.
39. Sou humilde
40. Alcanço com integridade.
41. Evoluo através das minhas capacidades.
42. Eu abraço a todos.

#137. Nunca é alto o preço a pagar pelo privilégio de pertencer a si mesmo (Nietzsche).

E onde está a coragem de ser verdadeiro e assim se revelar nestes tempos de hipocrisia e de "tudo pelo social" e "do que os outros irão pensar"?

#138. O Brasil é o segundo maior consumidor de Rivotril do mundo, um calmante tarja preta que tem sido usado para aplacar os sentimentos ruins de jovens, trabalhadores e donas de casa.

#139. Só para recordar aos que confundem velocidade com eficiência e produtividade! Cuidado com o estresse; mais vale chegar atrasado neste mundo do que adiantado no outro...

#140. Eu não tenho Twitter, Instagram e Facebook. Por isso ando anunciando pelas ruas o que eu como, o que eu bebo e como estão as coisas em casa. Além disso, estou tratando de fazer amigos e até agora já consegui três seguidores: dois policiais e um psiquiatra.

#141. Esse mundo é dos loucos? Ou são os loucos que estão nesta parafernália eletrônica? Para os incautos de plantão que não param de consumir sem necessidade:

A massa sustenta a marca.

A marca sustenta a mídia.

E a mídia controla a massa (George Orwell).

#142. Não se curem além da conta. Gente curada demais é gente chata. Todo mundo tem um pouco de loucura. Vou lhes fazer um pedido: vivam a imaginação, pois ela é a nossa realidade mais profunda. Felizmente, eu nunca convivi com pessoas muito ajuizadas (Nise da Silveira).

#143. A ditadura perfeita terá as aparências da democracia, uma prisão sem muros na qual os prisioneiros não sonharão sequer com a fuga. Um sistema de escravatura onde, graças ao consumo e ao divertimento, os escravos terão amor a sua escravidão (Aldous Huxley).

#144. Você pode conduzir o humano em direção ao conhecimento, mas não o fará pensar apenas com isso.

#145. Aquele que segue a multidão dificilmente irá além da multidão. No entanto, aquele que caminha sozinho tem a possibilidade de ir a lugares onde ninguém jamais esteve (Albert Einstein).

#146. Sobre envelhecer e o segredo de uma longa vida.

Pérola escrita pelo Professor Pacheco, um excelente professor de Física e Matemática, que também sabe escrever! E é um gênio, paraplégico, que dá aulas numa cadeira de rodas. É muito sisudo.... e ao mesmo tempo.... uma criatura humaníssima!

Estamos envelhecendo. Não nos preocupemos! De que adianta, é assim mesmo. Isso é um processo natural. É uma lei do Universo conhecida como a 2ª Lei da Termodinâmica ou Lei da Entropia. Essa lei diz que: A energia de um corpo tende a se degenerar e com isso a desordem do sistema aumenta.

Portanto, tudo que foi composto será decomposto, tudo que foi construído será destruído, tudo foi feito para acabar. Como fazemos parte do universo, essa lei também opera em nós. Com o tempo os membros se enfraquecem, os sentidos se embotam. Sendo assim, relaxe e aproveite. Parafraseando Freud: "A morte é o alvo de tudo que vive".

Se deixares teu carro no alto de uma montanha daqui a 10 anos ele estará todo carcomido. O mesmo acontece a nós. O conselho é: Viva. Faça apenas isso. Preocupe-se com um dia de cada vez.

Como disse um dos meus amigos a sua esposa: "me use, estou acabando!". Hilário, porém realista.

Ficar velho e cheio de rugas é natural. Não queira ser jovem novamente, já foie. Pare de evocar lembranças de romances mortos, vai se ferir com a dor que a si próprio inflige. Já viveu essa fase, reconcilia com sua situação e permita que o passado se torne passado. Esse é o pré-requisito da felicidade.

"O passado é lenha calcinada".

O futuro é o tempo que nos resta: finito, porém incerto" como já dizia Cícero.

Abre mão daquela beleza exuberante, da memória infalível, da ausência da barriguinha, da vasta cabeleira e do alto desempenho para não se tornar uma caricatura de si mesmo. Fazendo isso ganhará qualidade de vida. Querer reconquistar esse passado seria um retrocesso e o preço a ser pago será muito elevado. Serão muitas plásticas, muitos riscos e mesmo assim verá que não ficou como outrora.

A flor da idade ficou no pó da estrada. Então, para que se preocupar?!

Guarda os bisturis e toca a vida.

Sabe quem enche os consultórios dos cirurgiões plásticos? Os bonitos. Nunca me verá por lá. Para o bonito, cada ruga que aparece é uma tragédia, para o feio ela é até bem-vinda, quem sabe pode melhorar, ele ainda alimenta uma esperança.

Os feios são mais felizes, mais despreocupados com a beleza, na verdade ela nunca lhes fez falta, utilizaram-se de outros atributos e recursos.

Inclusive alguns melhoram na medida em que envelhecem. Para que se preocupar com as rugas, demoraste tanto para tê-las!

Tuas memórias estão salvas nelas. Não sejas obcecado pelas aparências, livra-te das coisas superficiais.

O negócio é zombar do corpo disforme e dos membros enfraquecidos. Essa resistência em aceitar as leis da natureza acaba espalhando sofrimento por todos os cantos.

Advêm consequências desastrosas quando se busca a mocidade eterna, as infinitas paixões, os prazeres sutis e secretos, as loucas alegrias e os desenfreados prazeres.

Isso se transforma numa dor que não tens como aliviar e condena à ruína tua própria alma. Discreto, sem barulho ou alarde, aceita as imposições da natureza e vive tua fase.

Sofrer é tentar resgatar algo que deveria ter vivido e não viveu. Se não viveu na fase devida o melhor a fazer é esquecer.

Tive um aluno com 60 anos de idade que nunca havia saído de Belo Horizonte. Não posso dizer que pelo fato de conhecer grande parte do Brasil sou mais feliz que ele. Muito ao contrário, parecia exatamente o oposto.

O que importa é o que está dentro de nós, a velha máxima continua atual como nunca: "quem tem muito dentro, precisa ter pouco fora".

#147. As civilizações matriarcais e mítico-eróticas foram destruídas pelas patriarcais mercantilistas que inauguraram nossa era a serviço do servilismo monetário e comercial – com todas as igrejas aí incluídas.

"Um dos problemas de nossa tradição, onde nossa herança mitológica vem da tradição judaico-cristã, que está limitada a pouco mais do que o primeiro milênio a.C. e pouco tem a ver com a vida. Tudo tem de ser 'explicado' e, no entanto, uma imagem mitológica que tenha de ser explicada ao cérebro, quer dizer, racionalmente, jamais funcionará" (Joseph Campbell, "A Jornada do Heroi").

#148. A riqueza é destinada ao uso e ao provento das casas; seu mero acúmulo é tolo e vão, despertando a ira dos deuses. Kaibalium ou: A tábua das esmeraldas - Hermes Trimegisto.

#149. Se um homem tem seu apartamento lotado de jornais, revistas e livros por todos os cantos, nós dizemos que ele é louco. Se uma mulher vive num trailer cheia de gatos, nós dizemos que ela é maluca. Mas quando gente patologicamente gananciosa obtém tanto dinheiro a ponto de explorar e empobrecer uma nação nós os colocamos na capa da Revista Fortune e os fazemos de modelos a seguir (B. Lester).

#150. A alma nasce velha mas rejuvenesce. Esta é a comédia da vida.

O corpo nasce jovem e envelhece. Esta é a tragédia da vida (Oscar Wilde).

#151.E com uma letra bem pequena, lá estava escrito no seu epitáfio: Tentou ser, não conseguiu; tentou ter, não possuiu; tentou continuar, não prosseguiu; e nessa vida de expectativas frustradas tentou até amar...Pois bem, não conseguiu, e aqui está (Machado de Assis, "Dom Casmurro").

#152. Sexo! Maravilha! Agora enquanto eu prendo tua atenção, o governo está destruindo tua vida, futuro e projetos enquanto estás basicamente focado em sexo e futebol. O público está por demais distraído para se incomodar.

O governo da Roma Antiga distraia seus cidadãos com pão e circo e nós temos nossa própria versão de pão e circo.

O Presidente Thomas Jefferson disse uma vez que "a informação é a moeda corrente da democracia". Se ele estava correto, nós estamos falidos.

#153. Sobre a mediocridade humana e sua tola ilusão de felicidade: "A estes, os mais desprezíveis, incapazes de dar à luz a uma estrela, solo onde nenhuma árvore alta cresce - a estes eu apelidei de 'os últimos homens'. Eles dizem haver inventado a felicidade. Pensam que felicidade é ficar assentados num charco, onde os naufrágios são impossíveis. Pensam que felicidade é conforto. Sonham com a 'terra da Cocanha', a terra onde o vinho corre no leito dos rios, as paredes das casas são feitas de bolo, e os leitões e aves assados correm para a boca dos preguiçosos. Engordam, indolentes e estéreis, sob a sombra das árvores, incapazes de ficar grávidos e dar à luz. Jamais sobem as montanhas; jamais se arriscam pelos desertos; jamais navegam por mares desconhecidos" (Friedrich Nietzsche, "Assim falou Zaratustra", I, #5, II, p. 284).

#154. Uma parábola para recordar-nos de que a espiritualidade nada tem a ver com pregação de igrejas... Sem dúvida, as igrejas nada têm a ver com a verdadeira religião!

Um homem pobre, velho, negro, desdentado e maltrapilho é barrado, sem explicações, na igreja de um bairro de luxo de uma grande capital. Surpreso, sem poder entender o motivo, ele volta para seu barraco.

Ele faz uma oração a Deus e pergunta, como quem deseja ver o mistério resolvido de uma vez por todas: "Explique-me, Senhor; como é que o Senhor permite que um sujeito sincero como eu seja barrado naquela igreja, tão grande, tão bela e que se diz cristã?"

E Deus responde: "Não se preocupe, meu filho. Já faz muito tempo que eu também não consigo entrar naquele prédio."

E Freud teria dito sobre Deus: "Nele eu acredito! Eu desconfio é dos intermediários! "

#155. Sobre a arte de ter tempo - não dinheiro - para gastar e fazer o tempo durar!

A mente lúcida e segura de si encontra tempo para percorrer todas as épocas em que viveu ou sonhou viver e trata de recriá-la. Assim, ela está sempre disponível para a sabedoria; administra bem seu tempo e acrescenta-lhe a doce sensação de eternidade. É que, tendo tempo para gastar e se recriar, pode reunir presente, passado e futuro em cada instante de sua vida.

#156. Sobre a origem da democracia.

A democracia nasceu em Atenas como uma farsa política do voto de cabresto - e assim é até hoje. Além disso, Péricles alicerçou seu curral eleitoral concedendo cidadania aos vendidos ignorantes - que concediam seu voto por 2 óbolos, equivalente a 2 reais de hoje.

Mais ainda, democracia nunca significou "governo do povo": "Demos" significa clã e "Kratos" significa manutenção do *status quo*. Tradução correta: Manutenção do *status quo* através do poder dos clãs. Exatamente como acontece ontem, hoje e sempre!

A etimologia do termo "kratos", erroneamente definido como governo, é uma farsa de que é a democracia desde seus primórdios na Grécia Antiga e que alguns "intelectualerdas" pseudo acadêmicos do alto de sua inútil erudição insistem em contestar e hipocritamente negar.

Insisto: a democracia é e sempre foi uma farsa e as críticas a ela feitas por Sócrates, Platão e Aristófanes não eram de sábios autocratas (sic!), mas de verdadeiros aristocratas no sentido arcaico, onde a excelência e o mérito definiriam os cargos por merecimento e talentos - vide meu áudio livro a esse respeito "A República ou Politeia, de Platão".

"Kratos" realmente fez parte da Mitologia Grega? Duas coisas que precisamos saber. Ele não se chamava Kratos e sim Cratos e era, na verdade, filho de Pallas e Estige.

Cratos era um titã e seu nome era a personificação do poder. Era um dos titãs mais poderosos da mitologia. Em batalha, era muito explosivo e eficiente.

Cratos tinha outros três irmãos: Zelo (rivalidade e grandeza), Nike (vitória) e Bia (força). Ele e seus irmãos formavam o quarteto alado de Zeus, os imbatíveis.

Deve-se levar em consideração que o significado de força abrange só a capacidade física de vencer a resistência, enquanto poder é aquela capacidade que te dá *status*.

Quem tem poder pode mandar nos outros com a palavra, com o olhar, ou com sua assinatura. Quem tem força só pode escravizá-los ou matá-los. Portanto, Cratos era, sob este ponto de vista, o mais indicado para suceder Ares, o Deus da Guerra.

#157. Disse Lao Tse que "a alma não tem segredo que o comportamento não revele".

#158. Em pleno séc. VI a.C. Confúcio já nos alertava: "O homem é um animal de marcha; caminhe para não se atropelar."

#159. Não tem jeito; temos de aprender a viver mais com menos!

Acabou-se a babaquice de "ordem e progresso"!

O consumismo desvairado é uma bomba relógio sobre a qual estamos sentados!

Paixões

Três paixões, simples mas irresistivelmente fortes, governam minha vida: o desejo imenso de amar, a procura do conhecimento e a insuportável compaixão pelo sofrimento da humanidade

(Bertrand Russel)

#160. Exército de Gays?!

Pois é, uma das mais temidas tropas da antiguidade foi o Batalhão Sagrado de Tebas. Ele era composto por 300 homens, todos listados entre os mais preparados da cidade. A tropa tinha uma peculiaridade: só se alistavam casais, que lutavam juntos. Assim, acreditava-se na época, eles entrariam na guerra com mais vontade, pois estariam defendendo o companheiro e amante.

O batalhão de Tebas desempenhou papel central em varias investidas militares - até perder a batalha de Keronéa, em 338 a.C, para Alexandre, o Grande, e seu pai, Filipe. Terminado o combate, o vitorioso Filipe percorreu o campo de batalha para espiar os corpos. Muitos estavam abraçados uns aos outros. Depois que lhe explicaram por que os soldados ficavam naquela posição, ele se derramou em lágrimas.

Onde reside o amor reside a força!

#161. "O saber é de todos e não pode pertencer a ninguém. É traidor de mim quem o guarda para si" (Aforismo atribuído à deusa da sabedoria Atená).

#162. Quando estava prestes a morrer, Voltaire (François Marie Arouet, 1694-1778) recebeu a visita de um padre que lhe disse: "Voltaire, agora é a hora de você renunciar a Satã!"

Voltaire, zombador que era, respondeu da seguinte maneira: "Agora, agora, meu bom homem, não é hora de fazer inimigos."

#163. Voltaire, um grande filósofo francês, era conhecido pelo seu senso de humor ímpar.

Ele é responsável por algumas frases, que você provavelmente já ouviu:

"Posso não concordar com nenhuma das palavras que você disser, mas defenderei até a morte seu direito de dizê-las."

"Todas as riquezas do mundo não valem um bom amigo."

"Se Deus não existisse, seria preciso inventá-lo."

"Encontra-se oportunidade para fazer o mal cem vezes por dia e para fazer o bem uma vez por ano."

#164. O planeta não precisa de mais gente bem-sucedida. O planeta precisa desesperadamente de mais pacificadores, criadores, restauradores, contadores de histórias e amantes de todos os tipos (Dalai Lama).

#165. Letras de câmbio não me seduzem
invisto em letras que luzem:
letras de livros, de muros,
e de azulejos de banheiro.
Sou fã das letras das músicas, das lápides
e das sopas de letrinhas – tão minhas! –
meu amor pelas letras é imonetário e verdadeiro.
mil vivas às letras escritas a caneta
que profanam as notas do dinheiro. (Marcos Caiado)

#166. Temos construído um sistema que nos convence a gastar um dinheiro que não temos, em coisas que não precisamos, para criar impressões efêmeras em pessoas que não nos importam (Emile Gauvreay).

#167. "A física está para a matemática, assim como o sexo está para a masturbação" (Richard Feynman).

#168. "Só duas coisas são infinitas: o universo e a estupidez humana, e só tenho dúvidas quanto ao universo."

"Você realmente não entende algo se não consegue explicá-lo para sua avó."

"Senso comum é uma coleção de preconceitos adquiridos aos 18 anos" (Albert Einstein).

#169. "As leis da física moderna são como as salsichas: melhor não ver como foram feitas." (Alberto Mesquita Filho).

#170. Para celebrar o ano novo – seja ele qual for.

Gastem, mas gastem bem transformando-se em Nobre, Belo e Justo - e não conservando e economizando o corpo.

"O corpo e a riqueza são destinados ao uso; seu mero acúmulo é tolo e vão" (Corpus Hermeticum - Tábua das Esmeraldas).

Lembrem-se de que aqui tudo é alugado - e tudo devolveremos à Grande Gaia - senhora da terra e geradora da vida - para que ela fertilize e origine outros seres.

Lembrem-se de que o tempo (Kronos) e a morte (Thánatos) têm excelente memória e jamais se esqueceram de ninguém!

"Não serve para viver quem não aprender a morrer" (Sócrates).

Somente os que sabem como aqui tudo é efêmero não perdem tempo e amam já, agora, seus entes queridos e a vida - e não deixam para amanhã como os iludidos narcisistas que se enganam com delírios de vida eterna e juventude.

É muito triste o fim de um narcisista e de um materialista, pois à medida que a velhice e a morte se aproximam nada enxergam à sua frente senão um imenso e negro vazio.

#171. Pois esta é uma mensagem para alertar sobre nosso narcisismo e fantasias de eternidade desvairados!

Os homens morrem porque esquecem! (Teócrito - séc. VI a.C)

#172. "Um dia a gente aprende que nada é meu, ou seu, ou nosso. Tudo é emprestado... Porque a única certeza que se tem, é que um dia, mais cedo ou mais tarde, a vida vem e nos toma tudo de volta."

#173. Eleve as suas palavras e não a sua voz; porque é a chuva que faz crescer as plantas e não o trovão. (Ditado persa).

#174. Para a "feiúra", há plástica. Para o peso, há o regime. Para os dentes, há aparelhos. Mas para a falta de caráter e hipocrisia, não há nenhum tipo de tecnologia eletrônica ou mecânica que resolva. Somente uma educação elevada que atende pelo nome de Paideia.

#175. Herança é aquilo que os mortos deixam para que os vivos se matem.

#176. - Morreu de que?

- Se sufocou com as palavras que nunca disse.

#177. Este é o desastre de nossa civilização moldada no modelo econômico e no trabalho que escraviza!

É preciso retornar às origens, retornar à Paideia e à educação ética!

Menosprezar a sabedoria que advém com a idade resultou numa pseudocultura da juventude, da pressa e da ausência de dignidade!

Estamos fabricando monstros insensíveis voltados somente ao sucesso a qualquer custo nas escolas; um *horror show*!

Quem se lembra da obra prima de Stanley Kubrick: A Laranja Mecânica? Lá estava este desastre da violência da sociedade jovem e insensível!

#178. O homem vive preocupado em viver muito, não em viver bem, quando, na realidade, não depende dele o viver muito, mas sim o viver bem. (Sêneca)

#179. Há três métodos para ganhar sabedoria: primeiro, por reflexão, que é o mais nobre; segundo, por imitação, que é o mais fácil; e terceiro, por experiência, que é o mais amargo (Confúcio).

#180. [A poesia] [...] é uma linguagem que, deve ser assimilada aos poucos, cuidadosamente. A poesia envolve uma escolha precisa de palavras, cujas implicações e sugestões ultrapassam as próprias palavras.

Eu penso na mitologia como a pátria das musas, as inspiradoras da arte, as inspiradoras da poesia. Encarar a vida como um poema, e a você mesmo como o participante de um poema, é o que o mito faz por você (Joseph Campbell).

#181. A poesia não quer adeptos, quer amantes (Federico García Lorca).

#182. Sem Eros é como estar morto em vida!

#183. Esta esquecida Paideia...

Nós estudamos biologia, física, movimento das geleiras, história e geografia...Onde estão as aulas sobre inveja, sentimento de injustiça, egoísmo, desespero e amargura? (Alain de Botton)

#184. Não por acaso, numa aula magistral que tive com Mircea Eliade na Sorbonne, em 1984, ele declarou que não sabia se Aristóteles tinha sido um grande sábio ou realmente um grande desastre para a decadência do saber helênico - eu concordo em gênero, número e grau!

Ele destruiu o saber iniciático - de Platão, Sócrates e dos pré socráticos - e inaugurou o saber estritamente racional e empírico, que nós engolimos goela abaixo!

Nietzsche denunciou este desastre muito bem na Gaia Ciência e em Aurora!

Infelizmente todos que tiveram uma educação religiosa sofreram com uma profunda influência do Aristóteles "oficial" imposto pelos seminaristas e padres de plantão!

Além disso, os sécs. IV e III a.C foram tremendamente decadentes para o mundo helênico com a destruição das cidades-estado por Alexandre Magno e seu pai, Felipe, e pela "helenização" imposta por Alexandre por influência de Aristóteles. Há evidências de que Alexandre foi assassinado a mando dele. Ainda mais, nesta época ficou evidente que a democracia ateniense era uma farsa e já nascera como um curral eleitoral sendo que os que a denunciaram foram sumariamente condenados por juízes "democraticamente" (sic) eleitos e executados.

Vide a esse respeito a Apologia de Sócrates e o Episódio dos Hermocoptas onde todas as estátuas de Hermes amanheceram castradas, sem seu falo, em 421 a.C. em protesto à corrupção da democracia e à venda dos juízes.

Isto seria hoje equivalente a todos os crucifixos das igrejas de uma cidade serem jogados no chão e destroçados!

Veja-se também a esse respeito as "comédias" (não são, são denúncias) de Aristófanes sobre a democracia - que chamou de "terrorcracia": As rãs (corretamente o título é "Os sapos"), Um deus chamado dinheiro e As Nuvens. Ele teve de fugir de Atenas após estas apresentações, por razões óbvias! E não esquecer que nesta época da "democracia ateniense" os teatros contavam com censura oficial, como nos tempos da ditadura no Brasil!

Resumindo: a democracia ateniense nunca foi uma democracia, mas uma farsa eleitoreira cuja criação começou com Péricles.

Sócrates foi a primeira vítima desta pretensa democracia.

#185. A televisão é o espelho onde se reflete a derrota de todo nosso sistema cultural (Federico Fellini).

#186. Podemos definir com precisão que amor platônico é o amor legítimo porque desinteressado! E não esta bobagem de amor inalcançável.

#187. Sobre loucura e criação: A Psicologia nunca poderá dizer a verdade sobre a loucura, pois é a loucura que detém a verdade da Psicologia (Michel Foucault).

#188. O juiz não é nomeado para fazer favores com a justiça, mas para julgar segundo as leis (Platão).

#189. Aristoclís, que ficou conhecido no mundo inteiro como Platão, nasceu em Atenas, por volta de 427 a.C. Filho de pais aristocráticos, nasceu em uma família rica, envolvida com políticos. Platão se interessou pela filosofia e pela política logo cedo. Tornou-se discípulo de Sócrates aos 18 anos e o acompanhou durante cerca de 10 anos, até que fosse condenado à morte. Platão acompanhou o processo de julgamento de seu mestre, acusado de corromper a juventude e de não acreditar nos deuses. Sócrates foi obrigado a beber veneno, em 399 a.C. Decepcionado com a democracia ateniense e também correndo risco de ser perseguido, por ter sido discípulo de Sócrates, Platão passou a viajar por diferentes lugares, em busca de novos aprendizados. O filósofo escreveu mais de 30 obras. Basicamente, suas obras eram escritas em forma de diálogos. Curiosamente, esses diálogos não apresentam Platão como personagem principal e, sim, Sócrates. Através de sua obra, Platão passa muitos dos ensinamentos de seu mestre. Em alguns momentos, dizem os estudiosos, é difícil saber se se trata de um pensamento do próprio Platão ou um pensamento de Sócrates transmitido por Platão.

#190. Bem disse H. Hesse num momento inesquecível de sua obra "O lobo da estepe": Por detrás de um juiz implacável está um assassino que não teve a coragem de se assumir e condena aqueles que cometeram os mais banais e tolos deslizes com uma fúria inaudita - para não ter de encarar a si próprio!

#191. Alguns juízes são absolutamente incorruptíveis. Ninguém consegue induzi-los a fazer justiça (Bertold Brecht).

#192. A verdadeira inteligência da arte de viver e amar consiste na arte de flutuar no tempo sem pertencer a idade alguma!

#193. Tão incorreto politicamente e tão correto para a arte de viver e amar!

Se perder um amor... não se perca! Se o achar... segure-o. Circunda-te de rosas, ama, bebe e cala. O mais... é nada (Fernando Pessoa).

#194. Essa palhaçada de atribuir nossos humores e estados de espírito à química é a maior lorota pseudo-médica; me engana que eu gosto e assim não assumo que é minha relação com o mundo que está falida e não preciso fazer nada para mudar minha maneira de viver e de me relacionar! Basta tomar umas tranqueiras químicas e assim me resolvo! (sic)

#195. A vida é breve, mas cabe nela muito mais do que somos capazes de viver (José Saramago).

#196. Tenha mais do que você exibe; fale menos do que você sabe (Shakespeare, "Rei Lear").

#197. Eterno Fernando Pessoa

Não se acostume com o que não o faz feliz, revolte-se quando julgar necessário.

Alague seu coração de esperanças, mas não deixe que ele se afogue nelas.

Se achar que precisa voltar, volte!

Se perceber que precisa seguir, siga!

Se estiver tudo errado, comece novamente.

Se estiver tudo certo, continue.

Se sentir saudades, mate-a.

Se perder um amor, não se perca!

Se o achar, segure-o!

#198. Se você quer entender a sociedade em que vive basta conferir as duas drogas que a cultura americana usa em excesso e espalhou no mundo ocidental:

Além dos venenos farmacêuticos, há duas drogas sem as quais não se vive sem:

1 - Cafeína de 2ª a 6ª para aguentar o tranco do trabalho insano que o ilude como pró- ativo dessa sociedade doente (é veneno quando usada em excesso).

2 - Álcool de sexta a Domingo – para o deixar estúpido pela quantidade excessiva usada de modo a não perceber a prisão na qual você vive de contas a pagar.

#199. Existem três espécies humanas:

Aquelas que podem ver a luz.

Aquelas que veem a luz quando orientadas pelos mestres.

Aquelas que jamais a verão; infelizmente a esmagadora maioria!

(Leonardo da Vinci)

#200. Pobres crianças que aqui chegam para ser consumidas e privadas de seus sonhos e talentos! Seu destino, determinado por seus pais também escravos, é serem consumistas idiotas e também escravos!

#201. O consumismo é a escravidão mais inteligente do planeta: te faz acreditar que és livre, quando na verdade és um eterno escravo de contas e mais contas todo mês e todos os anos de tua vida!

#202. A Psicopatologia é madrasta, mas dona de grandes verdades que não queremos engolir!

Preferimos engolir pílulas anestesiantes da verdade de nós mesmos e assim nos enganarmos melhor; até quando?

Até a depressão bater em nossa porta e outras coisas bem piores; como a condição humana gosta de fugir de si mesma e gritar: me engana que eu gosto! Me dê uma pílula que me faça esquecer de mim!

#203. Arrrume um emprego; vá trabalhar; se case; tenha filhos. Siga a moda; seja normal; ande na calçada; veja TV; obedeça às leis e não questione; guarde dinheiro para a sua aposentadoria; morra bem...

#204. Não se pode censurar os jovens preguiçosos quando a responsável por eles serem assim é a educação dos seus pais (Esopo).

#205. "A utopia está lá no horizonte. Me aproximo dois passos, ela se afasta dois passos. Caminho dez passos e o horizonte corre dez passos. Por mais que eu caminhe, jamais alcançarei. Para que serve a utopia? Serve para isso: para que eu não deixe de caminhar" (Eduardo Galeano).

#206. Os poetas criam castelos no ar.

Os loucos os habitam.

Os psiquiatras cobram a conta...

#207. Na era das comunicações, a solidão e o desencontro nunca estiveram tão presentes.

"Se a pessoa não dá atenção aos pedidos de sua vida espiritual, do seu coração e insiste em obedecer a um certo programa, acaba tendo uma crise de esquizofrenia. A pessoa se colocou fora do seu centro, entrou numa vida programada, e não é essa vida que interessa ao seu corpo. O mundo está cheio de gente que parou de escutar a si própria" (Joseph Campbell - Entrevista sobre a Saga do Herói).

#208. "Meu tempo tornou-se escasso para debater rótulos. Quero a essência, minha alma tem pressa" (Mário de Andrade).

#209. "O corpo não é uma máquina como nos diz a ciência. Nem uma culpa como nos faz crer a religião. O corpo é uma festa" (Eduardo Galeano).

#210. Trecho da peça teatral "Le Diable Rouge", de Antoine Rault, contendo o diálogo entre o Cardeal Mazarino, representante do Vaticano, e Colbert, ministro das finanças de Luís XIV - conhecido como o Rei Sol. O Cardeal era chamado de Diabo Vermelho devido ao fato de os Cardeais sempre utilizarem batinas vermelhas. Qualquer semelhança com a corrupção desvairada da igreja comandada pelo Vaticano não é mera coincidência e foi cuidadosamente copiada pelo estado moderno. Aconteceu entre 1643 e 1715.

Colbert: - Para arranjar dinheiro, há um momento em que enganar o contribuinte já não é possível. Eu gostaria, Senhor Superintendente, que me explicasse como é possível continuar a gastar quando já se está endividado até o pescoço...

Mazarino: - Um simples mortal, claro, quando está coberto de dívidas, vai parar à prisão. Mas o Estado é diferente! Não se pode mandar o Estado para a prisão. Então, ele continua a endividar-se... Todos os Estados o fazem!

Colbert: - Ah, sim? Mas como faremos isso, se já criamos todos os impostos imagináveis?

Mazarino: - Criando outros.

Colbert: - Mas já não podemos lançar mais impostos sobre os pobres.

Mazarino: - Sim, é impossível.

Colbert: - E sobre os ricos?

Mazarino: - Os ricos também não. Eles parariam de gastar. E um rico que gasta faz viver centenas de pobres.

Colbert: - Então, como faremos?

Mazarino: - Colbert! Tu pensas como um queijo, um penico de doente! Há uma quantidade enorme de pessoas entre os ricos e os pobres: as que trabalham sonhando enriquecer e temendo empobrecer. É sobre essas que devemos lançar mais impostos, cada vez mais, sempre mais! Quanto mais lhes tirarmos, mais elas trabalharão para compensar o que lhes tiramos. Formam um reservatório inesgotável. É a classe média!

#211. "Ache tempo para gastar - não dinheiro, idiota!" (Jean Cocteau em: Les enfants terribles. - As crianças terríveis).

#212. Faça de cada ato de tua rotina uma pequena obra de arte; não importa o quê. Pode ser no cafezinho ou no beijo. Mas o que não pode é cair na falta de sentido". Frase retirada do meu livro O Casamento de Eros e Psiquê.

Preso a uma tela de tevê, de um computador ou smartfone, perdeu o homem a capacidade de se relacionar, trocar e realmente amar a si próprio, seus semelhantes e a natureza. Mais ainda, perdeu sua ligação cósmica e o sentido de viver. Não sabe quem é, o que faz aqui, de onde veio e para onde vai. Muitos creem ingenuamente que lhes basta ter sucesso e poderem conquistar a saúde e a cura que o mundo do consumo lhe oferece; iludem-se que assim serão felizes. E assim, estamos cercados de "gente feliz" (os consultórios também!) com síndromes de pânico, stress, esgotamentos, depressões... e pior do que tudo, drogas e violência.

Não soa irônico que tanta ciência e avanços tecnológicos não foram capazes de dar ao homem do séc. XXI a chave para viver pleno e em paz com saúde? Perdeu até o direito de ir e vir, vivendo em prédios e casas que se transformaram em verdadeiras jaulas.

Como se tudo isso não bastasse, cercado de computadores, celulares e outras mídias de comunicação, está só, com medo de envelhecer e - horror dos horrores - com medo de morrer.

Sim, a ciência, a eletrônica e o consumo não oferecem, nem podem oferecer, a chave para a arte de viver e amar com saúde e harmonia.

Nem sempre tudo que é "velho" é inútil e desatualizado. E não se trata de saudosismo, nem de conservadorismo; menos ainda de "antigamente era melhor". Trata-se simplesmente de que a sabedoria- neste caso, a arte de viver e amar com ética e saúde - é eterna e imune ao tempo. Ela simplesmente é e sempre será.

Foi criada há milênios (na "noite dos tempos", escrevia Hesíodo no séc. VIII a.C.) e será sempre a mesma, pois toca a essência de existência - que é imortal e imutável. Formar um homem que respeite e pratique o direito de nascer, viver e morrer com dignidade e honra, e que tenha a capacidade e a coragem de ser verdadeiro e assim se conduzir na vida e no trabalho, é tarefa de todos nós- e que começa conosco. Não há outra forma possível para se alcançar a saúde ética. Não é tarefa nem da ciência, nem da tecnologia, nem da Internet - que tantos "interstúpidos" produz. Onde está o todo poderoso homem do séc. XXI, que não se mostra capaz sequer de preservar a si mesmo e seus semelhantes? Guardado em fortalezas, circulando em carros blindados?"

#213. "A inteligência sem Eros te faz perverso.

A justiça sem Eros te faz implacável.

A diplomacia sem Eros te faz hipócrita.

O êxito sem Eros te faz arrogante.

A riqueza sem Eros te faz avaro.

A docilidade sem Eros te faz servil.

A pobreza sem Eros te faz orgulhoso.

A beleza sem Eros te faz ridículo.

A autoridade sem Eros te faz tirano.

O trabalho sem Eros te faz escravo.

A simplicidade sem Eros te deprecia.

A oração sem Eros te faz introvertido.

A lei sem Eros te escraviza.

A política sem Eros te deixa egoísta.

A fé sem Eros te deixa fanático.

A religião sem Eros se converte em tortura."

(Eros – princípio motor cósmico (Idílios, Teócrito, séc. IV a.C)

#214. "Esta loucura chamada de revolução industrial e o consumo que ela provocará ainda levará a civilização ao desastre" (Nietzsche, "A Gaia ciência").

#215. Desde quando os fatos são objetivos? Aliás, é a percepção que os capta e desde quando a percepção é objetiva? Einstein demonstrou cabalmente que não existe sujeito e objeto "real", mas sua relação é absoluta e é esta que devemos estudar.

Este é o verdadeiro relativismo - e não a tolice de que tudo é relativo. Pobres positivistas que caíram na balela "esse est percipi" - o ser é o que se percebe! A mecânica quântica de Max Planck e Louis de Broglie só vieram por mais areia nas crendices metafísicas dos positivistas que se arvoraram em donos de uma ciência arrogante e tendenciosa, além de fascista, que quis impor sua visão de mundo como uma verdade.

A ciência oficial de hoje é a Santa Inquisição de ontem.

#216. Em uma aula magistral que tive o privilégio de assistir, J. Campbell comentou: "Quer dizer que os srs. acham que o monoteísmo é uma evolução sobre o politeísmo? Nunca observaram que todos os Messias ou profetas da modernidade são masculinos? Jesus, Moisés, Maomé etc. Onde está o feminino divinizado na antiguidade dita politeísta? Digo-lhes que alguém tomou na cabeça e foi desprezado nas religiões modernas: exatamente o arquétipo feminino!"

O monoteísmo só é possível devido ao desprezo deste arquétipo e, nesse sentido, é um retrocesso!"

#217. "O cristianismo tinha de pregar a miséria, a abnegação, a opressão dos instintos e a negação da vida para se manter no poder em troca de recompensas no além" (Nietzsche, "O Anticristo").

#218. Sobre a comemoração: em latim - co-memoriam - com memória!

Memória do que? Do tempo mítico onde vivíamos no paraíso ao lado dos deuses e nada nos faltava: Fartura na mesa, alegria, amor e saúde!

Este é o significado de uma mesa rodeada de amigos!

E o tempo desaparece como se fôssemos eternos nestes momentos e não percebemos ele passar! E o espaço também, pois não queremos ir a lugar algum - já "estamos" e não queremos partir. E precisa?

#219. "Tua virtude é a saúde de tua alma porque em si não existe saúde e todas as tentativas para dar esse nome a qualquer coisa malograram miseravelmente. Importa conhecer a tua finalidade, teu horizonte, tuas forças, teus impulsos, teus erros e sobretudo o ideal e os fantasmas de tua alma para determinar o que significa a saúde, mesmo para teu corpo.

Existem, portanto, inúmeras saúdes do corpo; e quanto mais se permitir a um indivíduo em particular o ato incomparável de levantar a cabeça, mais se desaprenderá o dogma da 'igualdade dos homens', mais necessário será que nossos médicos percam a noção de uma saúde normal, de uma dieta normal, do curso normal da doença.

E somente se poderá talvez refletir sobre a saúde e na doença da alma e colocar a virtude particular de cada um em sua saúde: a saúde da alma poderia parecer o contrário da saúde do outro. Finalmente, permanece aberta a grande questão se podemos dispensar a doença. E mesmo para o conhecimento de si em particular, não há tanta necessidade de nossa alma doente como a de nossa alma saudável: em resumo, se somente a vontade de saúde não é um preconceito, uma covardia e talvez um resto da barbárie mais sutil, do espírito retrógrado mais refinado" (Nietzsche, "A Gaia Ciência", p. 145 e 146).

#220. Em uma palestra de Leonardo Boff ele menciona que:

« Muitos só conhecem de Nietzsche a frase *"Deus está morto"*. Não se trata do Deus vivo que é imortal. Mas do Deus da metafísica, das representações religiosas e culturais, esse é o Deus das nossas cabeças, não o Inefável, feitas apenas para acalmar as pessoas e impedir que se confrontem com os desafios da condição humana. Esse Deus é somente uma representação e uma imagem. É bom que morra para liberar o Deus vivo. Mas não devemos confundir imagem de Deus com Deus como realidade essencial. Nietzsche estudou teologia. Eu pude dar uma palestra na Universidade de Basel na sala em que ele dava aulas, quando fui professor visitante em 1998 lá. Essa oração que aqui se publica é desconhecida por muitos, até por estudiosos do filósofo. Por isso, no final indico as fontes em alemão de onde fiz a tradução. No original, com rimas, é de grande beleza.»

Oração ao Deus Desconhecido
Antes de prosseguir em meu caminho
E lançar o meu olhar para frente
Uma vez mais elevo, só, minhas mãos a Ti,
Na direção de quem eu fujo.
A Ti, das profundezas do meu coração,
Tenho dedicado altares festivos,
Para que em cada momento
Tua voz me possa chamar.
Sobre esses altares está gravada em fogo
Esta palavra: "ao Deus desconhecido"
Eu sou teu, embora até o presente
Me tenha associado aos sacrílegos.
Eu sou teu, não obstante os laços
Me puxarem para o abismo.
Mesmo querendo fugir

Sinto-me forçado a servi-lo.

Eu quero Te conhecer, ó Desconhecido!

Tu que me penetras a alma

E qual turbilhão invades a minha vida.

Tu, o Incompreensível, mas meu Semelhante.

Quero Te conhecer, quero só Te servir.

(Friedrich Nietzsche (1844-1900) em Lyrisches und Spruchhaftes (1858-1888). O texto em alemão pode ser encontrado em Die schönsten Gedichte von Friederich **Nietzsche,** Diogenes Taschenbuch, Zürich, 2000, 11-12 ou em F. Nietzsche, Gedichte, Diogenes Verlag, Zurich 1994).

#221. Sobre escolher amigos.

Escolho meus amigos não pela pele ou outro arquétipo qualquer, mas pela pupila. Tem que ter brilho questionador e tonalidade inquietante. A mim não interessam os bons de espírito nem os maus de hábitos. Fico com aqueles que fazem de mim louco e santo. Deles não quero resposta, quero meu avesso. Que me tragam dúvidas e angústias e aguentem o que há de pior em mim. Para isso, só sendo louco. Quero-os santos, para que não duvidem das diferenças e peçam perdão pelas injustiças. Escolho meus amigos pela cara lavada e pela alma exposta. Não quero só o ombro ou o colo, quero também sua maior alegria. Amigo que não ri junto não sabe sofrer junto. Meus amigos são todos assim: metade bobeira, metade seriedade. Não quero risos previsíveis nem choros piedosos. Quero amigos sérios, daqueles que fazem da realidade sua fonte de aprendizagem, mas lutam para que a fantasia não desapareça. Não quero amigos adultos nem chatos. Quero-os metade infância e outra metade velhice. Crianças, para que não esqueçam o valor do vento no rosto e velhos, para que nunca tenham pressa. Tenho amigos para saber quem eu sou. Pois os vendo loucos e santos, bobos e sérios, crianças e velhos, nunca me esquecerei de que "normalidade" é uma ilusão imbecil e estéril" (Oscar Wilde).

#222. O estado e a igreja odeiam os homens que ousam pensar por conta própria e a filosofia é perigosa porque provoca a capacidade de pensar e refletir! Portanto, ela deve ser proscrita e banida!

#223. Minha felicidade é outra. "Você nunca viu a vela que entra no mar, redonda, tensa e trêmula com a violência do vento? Como aquela vela, tremendo com a violência do espírito, a minha sabedoria entra no mar - minha sabedoria selvagem". (FN-II-(II) p. 362; Assim falou Zaratustra, II, " Sobre os Sábios Famosos").

Há uma felicidade que só se experimenta quando se vive "como os ventos fortes, vizinhos das águias, vizinhos da neve, vizinhos do sol: assim vivem os ventos fortes. E como um vento forte eu desejo soprar..." (FN-II (II) p.356; Assim falou Zaratustra, II, "Sobre a Plebe")]. "O segredo da maior fertilidade e do maior gozo da existência é: vivam perigosamente! Construam as suas cidades debaixo do Vesúvio! Enviem os seus navios aos mares desconhecidos! (FN-II-(II) p. 166; CA (Gaia Ciência), # 283).

Aos filósofos bastam os reflexos num espelho. Mas eu preciso de risos, de dança, de beleza. Por isso eu conto parábolas, faço aforismos, escrevo com sangue (FN-II- (II) p. 305).

Concordo com Kierkegaard, filósofo que nunca li: a verdade do coração, morada da alegria, não se encontra na letra; ela se encontra na música, além das palavras. Ensinar a alegria: é isso que eu desejo.

Escrevi que os sacerdotes são meus inimigos. "E, no entanto, meu sangue está ligado ao deles, e eu desejo saber que o meu sangue é honrado mesmo no deles" (FN-II- (II) p. 348; Assim falou Zaratustra, II, "Sobre os Sacerdotes").

Desejo aqueles para quem escrevo. Quero que eles dancem ao som da flauta de Dionísio, que é o símbolo da afirmação incondicional da vida, mesmo com todo o seu sofrimento e terror. É assim que entendo as palavras, meus brinquedos. "Palavras e sons: que são eles senão diáfanas pontes iridescentes entre coisas eternamente separadas?" ("sind nicht Worte und Töne Regenbogen und Schein-Brücken zwischen Ewig-Geschiedenen?") "Não foi para isso que os nomes e os sons foram inventados, para que o homem encontrasse refrigério nas coisas? Falar é uma deliciosa loucura; por meio da fala o homem dança sobre todas as coisas. Que adorável é toda fala e o engano dos sons! Por meio dos sons o nosso amor dança sobre arco-íris coloridos..." (FN-II-(II) p.463); Assim falou Zaratustra, III, " O Convalescente" # 2) .

"Da minha beleza cresce uma fome... Dentro de mim há algo insaciável, que deseja poder ser dito. Um desejo de amor está em mim, desejo que fala a linguagem do amor" (FN-III, (II) p. 1137), Ecce Homo, "Assim Falou Zaratustra", # 7)].

E o que ela diz é que "vida é uma fonte de alegria", "e que o nosso pecado original é que temos tido muito pouca alegria. (FN-II-p.(II) p.354, 346) Para isso eu escrevo: para ensinar a alegria.

Porque escrevo para fazer rir, para brincar, para mostrar a beleza, filósofo não sou. Sou bufão, sou criança, sou poeta..."

"Assim, para fora da minha verdade-loucura eu mergulhei, para fora da minha nostalgia pelo dia, - cansado do dia, doente da luz - mergulhei para o fundo, para a noite, para a sombra, -queimado pela verdade, e sedento: Tu te lembras ainda,- te lembras, coração ardente, - de como tinhas sede? Que eu seja exilado de toda a verdade, somente um tolo! Somente um poeta! (FN II (II) p. 810, Assim falou Zaratustra).

Ditas essas palavras ele se pôs a rir. Tomou a flauta de Dionísio, começou a tocar e, à medida que tocava, foi ficando leve, leve, até que flutuou, dançante, no ar...

#224. Quem escreveu a Bíblia? (As Bíblias?)

Texto de Aldo Pereira

Judeus devotos talvez respondam: antigos hebreus inspirados por Deus ou de quem receberam revelações em encontros pessoais. Cristãos devotos acrescentariam que homens do credo judaico reformado por Jesus também contribuíram com outros textos inspirados por Deus.

Elemento comum nessas respostas é a ideia de inspiração divina dos textos bíblicos. Dela deriva toda a autoridade sacra da Bíblia. Bíblias cristãs explicitam na segunda Epístola a Timóteo 3:16: "Toda escritura é inspirada por Deus (...)".

Aí começam as dificuldades.

Alguns arqueólogos, paleógrafos e outros especialistas pigarreiam: Paulo deve ter escrito, sim, sete das treze cartas atribuídas a ele, mas três das outras seis, são de autoria duvidosa - e as demais são decididamente não paulinas, inclusive as duas a Timóteo.

Pareceres como esse indicam ceticismo quanto à autoria dos textos compilados como "livros" da Bíblia.

Em 2 Macabeus 2:13-14 se lê que Neemias (século V a.C.) e Judas Macabeus (século 2 a.C.) compilaram textos presumivelmente bíblicos. Mas até hoje a arqueologia não recuperou nenhum texto original desses: apenas cópias de cópias, todas posteriores ao século 15 a.C. Datação de carbono atesta que os mais antigos dos manuscritos do Mar Morto, descobertos de 1947 a 1956, são cópias escritas no século 5 a.C.

Nem todo o material do Velho Testamento é originalmente hebraico. A narrativa do dilúvio, por exemplo, reconta episódio da epopeia de Gilgamesh, poema sumério escrito séculos antes de haver menção histórica a hebreus.

Em Gênesis 2:7-22, Deus cria o homem depois de transcorridos os sete dias da criação. Em seguida, cria o Éden e seus rios, ouro e pedras preciosas; só então anestesia o homem para lhe efetuar ressecção duma costela e com esta criar a mulher.

Mas no capítulo anterior, 1:27, Deus cria do pó o homem e a mulher, juntos, no sexto dia da criação. Ocorre pois, nos dois capítulos, clara colagem de documentos diferentes; as duas narrativas provêm de fontes distintas. Outra evidência de montagem são abundantes redundâncias e contradições, quer no mesmo livro, quer de um livro para outro.

A Bíblia cristã já foi bem diferente. Antes do século 13, nenhum livro dela se dividia em capítulos como hoje; numeração dos versículos é invenção do século 16. Ao longo da era cristã, a Bíblia passou por acréscimos de livros e expurgo de outros, tidos como "apócrifos". Este eufemismo conota faltar ao texto a tal inspiração divina. Bíblias protestantes excluem como apócrifos treze livros da Bíblia católica, inclusive os dois Macabeus.

Autenticar inspiração de cada livro abrangeu discórdia furiosa, tortura, hereges à fogueira, até guerras, disputas que remontam a indicações aceitas ou rejeitadas, por votação, em sínodos e concílios (assembleias de bispos). De cada um deles resultava um cânone, coleção de material atestado como autêntico; isto é, de inspiração divina.

Bispos dos primeiros séculos da era cristã montaram cânones segundo arbítrios pessoais, mas decisões colegiadas subsequentes reformariam tais seleções. Teólogos como o próprio Martinho Lutero (1483-1546) teriam preferido excluir, se pudessem, livros como Cântico dos Cânticos, Ester, várias epístolas e Apocalipse. "A história de Jonas é tão monstruosa a ponto de ser absolutamente incrível", escreveu Lutero em "Colóquios Familiares".

Hoje, católicos, protestantes, cristãos ortodoxos e judeus creem na inspiração divina do Pentateuco (ou Torá). Quanto aos demais livros, não há consenso.

#225. Eis algumas frases memoráveis de Nietzsche que consolidam o mítico e a música em sua essência dionisíaca.

"Eis o que me separa dos filósofos: sou um amante e tenho um caso de amor com o universo!"

"Quem só reflete como espelho, sem sonhar, é um estéril."

"A verdade do universo está nos corações dos homens, no lugar de seus sonhos!"

"A verdade do piano não é o piano; são as músicas que ele pode tocar!"

#226. O humor sarcástico de Winston Churchill!

Uma vez ouvi uma história de que Churchill estava numa festa entre a nobreza inglesa e havia bebido um pouco mais do que de costume.

Uma senhora se aproximou e vendo-o naquele estado lançou sobre ele um olhar de reprovação e indignação.

Churchill simplesmente disse para ela: como a senhora é feia!

A dama indignada respondeu: e o senhor é um bêbado!

O bom e velho Churchill concluiu com a seguinte resposta: Amanhã de manhã eu estarei sóbrio e a senhora continuará feia!

#227. Bate-boca no Parlamento inglês:

Aconteceu num dos discursos de Churchill em que estava uma deputada oposicionista, Lady Nancy Astor, que pediu um aparte.

Todos sabiam que Churchill não gostava que interrompessem os seus discursos, mas concedeu a palavra à deputada.

E ela disse em alto e bom tom:

- Sr. Ministro, se V. Ex.ª fosse o meu marido, eu colocava veneno em seu chá! Churchill, lentamente, tirou os óculos, seu olhar astuto percorreu toda a plateia e, naquele silêncio em que todos aguardavam, lascou:

- Nancy, se eu fosse seu marido, eu tomaria esse chá!

#228. "A potência intelectual de um homem se mede pela dose de humor que ele é capaz de usar!" (Friedrich Nietzche)

#229. É nesses grandes homens de caráter e princípios que devemos nos espelhar e tê-los sempre diante dos olhos, para vivermos como se eles nos observassem e para fazermos tudo como se nos vissem. (Epicuro)

#230. Se os shoppings dependessem de mim já estariam falidos!

Aprendi a lição que meu avô me ensinou há muitos anos:

Viver muito e bem com pouco!

Meu sonho de consumo é não precisar consumir nada!

#231. O homem é um animal mítico ou um animal econômico? Mais algumas geniais observações de Joseph Campbell. Uma lição para os economistas de plantão!

"Quando nós consideramos, ao invés do físico, o caráter psicológico de nossa espécie, a marca mais distintiva é a capacidade de o homem organizar a sua vida primeiramente de acordo com o mítico, e somente depois com o econômico e as leis. A alimentação, a reprodução e a estruturação de sua vida tem sem dúvida um papel de grande importância em sua vida, mas não menos do que para os chimpanzés. É só pensar no papel econômico das pirâmides, das catedrais da Idade Média, os sacrifícios dos hindus pelas suas crenças e a história de Israel desde os tempos de Saul até os dias hoje. Se há algo para separar a psicologia humana da animal, certamente é a subordinação da esfera econômica humana à sua mitologia. E se alguém se perguntar como esses impulsos não substanciais tornaram-se dominantes na ordenação da vida do ponto de vista físico, a resposta é que esta fantástica mente humana buscou algo desconhecido dos outros primatas e isto é o que se chama a consciência de si mesmo e de se importar em deixar algo aqui ao saber que um dia morrerá." (Excertos de Joseph Campbell, "Mitos para a arte de viver").

#232. Profecias do grande mestre Joseph Campbell: mais algumas observações sobre a "Nova Era" - ou do despontar do séc. XXI. Notem que foram feitas em 1986, poucos meses antes de seu falecimento!

"Certamente há uma nova Era chegando e será uma Era planetária. Mas o início de Eras é sempre terrível, com grandes surtos de violência, yang de modo brutal. Novas Eras nunca chegam suavemente; são tempos de agressão e massacres. Não vejo nenhum sinal de acontecimentos suaves pela frente.

Joseph Campbell em "Myths of the Universe: The Earth Spirit and the Coming of the New Age." Uma entrevista de Cate Miodini in ANIMA, 1986

#233. Se é a coisa mais certa da vida, para que pensar? Quando chegar a minha hora, vou direitinho! (Dona Canô – 1907 – 2012).

#234. Desta vez eu não quero confusão!

Ano passado pedi ao Papai Noel um ano a menos e ganhei de presente um ano a mais!

#235. Sobre culpa e existência: É tão fácil culpar os outros daquilo que não suportamos em nós mesmos!

#236. Não pede para nascer; não aprende a viver e não quer morrer – este é o homem.

#237. Não tenho medo que o mundo acabe. Tenho medo que continue igual!

Mude o mundo: comece por você!

Este é o grande revolucionário! Ninguém muda ninguém, mas a chave está em evoluir ao máximo a partir daquilo que somos! Os antigos gregos e egípcios chamavam isto de metamorfose - ou "a forma de cada um que evolui"!

#238. Sobre o desafio de iluminar os que amam a escuridão:

Somos cúmplices nesta árdua e quem sabe impossível tarefa! Como Platão tão bem observou ao descrever a teoria da reminiscência e a saída em busca da luz da caverna, a questão é que os acostumados à escuridão ao ousarem sair em busca da luz ficam cegos ao deparar-se com ela. Há desafios ainda piores, pois a maioria te odiará por tirá-las do conforto da escuridão e haverão de matar-te! Vide Cristo, São Paulo, e mais modernamente Mahatma Gandhi e Martin Luther.

#239. Quando a caixa de Pandora foi aberta dela saíram todos os males. Epimeteu, marido de Pandora que morto de curiosidade abriu-a, só teve tempo de reter a esperança ao fechá-la novamente.

O grande Zeus, deus dos deuses, irado com a desobediência de Epimeteu, pois determinara que ela jamais fosse aberta, condenou os homens a uma condição inalienável em se viver aqui na Terra:

" De ora em diante assim será a vida dos humanos: cheia de males, mas sempre restará uma esperança - e esta será o útero de Pandora que presenteio a todas as mulheres da terra para que possam deixar descendentes".

#240. Sempre a imortal Clarice!

Até cortar os próprios defeitos pode ser perigoso!

Nunca se sabe qual é o defeito que sustenta o nosso edifício inteiro!

#241. Antes de remover uma neurose de um paciente, vê bem o que irás fazer, pois bem ou mal ele está vivo até hoje - e quem te garante que terás algo melhor para oferecer no lugar? Cuidado para não bancar o aprendiz de feiticeiro!

#242. O tempo é o ativo mais precioso que nós temos. "Nisso, pois, falhamos: pensamos que a morte é coisa do futuro, mas parte dela já é coisa do passado. Qualquer tempo que já passou pertence à morte" (Sêneca).

Logo, dê valor ao seu tempo. Pois como diz Brás Cubas, personagem imortal criado por Machado de Assis: Matamos o tempo, o tempo nos enterra!

#243. Um homem que aos 50 anos continua encarando a vida com os mesmos olhos que tinha aos 20 simplesmente desperdiçou 30 anos de sua existência (Muhammad Ali).

#244. "Que a felicidade não dependa do tempo, nem da paisagem, nem da sorte, nem do dinheiro. Que ela possa vir com toda simplicidade, de dentro para fora, de cada um para todos. Que as pessoas saibam falar, calar, e acima de tudo ouvir. Que tenham amor ou então sintam falta de não tê-lo. Que tenham ideais e medo de perdê-los. Que amem ao próximo e respeitem sua dor. Para que tenhamos certeza de que ser feliz sem motivo é a mais autêntica forma de felicidade" (Carlos Drummond de Andrade).

#245. Quem está vivo de verdade ao final do dia?

Eis o mito do eterno retorno revisitado através da "Teoria da reminiscência" em Sócrates e Platão.

"O tempo é a imagem móvel da eternidade imóvel".

Abrir mão de si pelo que o outro pensa de ti é sem dúvida a mais grave das prostituições; atende pelo nome: "Tudo pelo social"!

"O que é verdadeiramente imoral é ter desistido de si mesmo" (Clarice Lispector).

#246.Vemos em Platão e Sócrates a sabedoria multimilenar onde em Fedro os mestres comentam que nosso pior inimigo somos nós mesmos.

Eu tive a sorte de ter um grande mestre e analista que me ensinou que um psicoterapeuta não tem nada que se meter em como as pessoas vivem, pois psicoterapia não é novela das oito!

Dizia: "Não temos de nos meter em como as pessoas vivem; não é de nossa conta! Temos de ajudá-las em como se matam e não sabem como parar isso".

#247.Envelhecer é inevitável e não há plástica ou botox que neste caso esconda o envelhecer da alma.

Temos duas opções:

1- Envelhecer escondendo a idade física e nos tornando bodes velhos e chatos.

2- Envelhecer revelando a eterna juventude da alma e pouco se importando com a velhice física! Eis o homem que se torna belo e sábio com o passar dos anos!

#248. "Se você olha para o que você tem na vida, você sempre terá mais. Se você olha para o que você não tem na vida, você nunca terá o suficiente" (Oprah Winfrey).

#249. Os mitos revelam a lógica do vivente onde as coisas são e não são ao mesmo tempo na ambiguidade da existência: morte e vida; saúde e doença; juventude e velhice etc. Os mitos compactam o espaço e o tempo num único segundo, daí seu aparente absurdo e paradoxo, mas basta estendê-los à existência de cada um para recriar seu significado muito além das limitações impostas pelas igrejas.

#250. Nós somos aquilo que fazemos repetidamente. Excelência (Aretê, em grego), então, não é um modo de agir, mas um hábito (Platão).

Assim, o verdadeiro aristocrata é um devoto da práxis da Aretê, não importando qual seja, desde que parta de seus talentos dando o máximo e o melhor de si, para si e para os outros.

#251. Dominar o conhecimento transformando-o em erudição serve somente para reprimir os jovens, consolar os velhos, enriquecer os gananciosos e enfeitar os ricos.(Diógenes de Sinope, séc. V a.C.).

#252. Os gregos antigos diziam que tornar-se cada vez mais você mesmo nada mais era do que cumprir seu destino, pois os deuses não o trouxeram à toa neste planeta. E completavam: nunca será seguro cumprir seu destino (Este é o conceito arcaico de destino e não a baboseira moderna de que "tudo já está escrito") (sic).

Risco é sinônimo de liberdade.

O máximo de segurança é a escravidão! (Roberto Freire).

#253. Nós somos deuses que choram a imortalidade perdida.

Quando Prometeu rouba o fogo divino para dar aos homens, Zeus secciona (origem da palavra sexo) o masculino e o feminino. Fomos condenados a procurar nossa metade perdida (ou nossa cara metade).

Zeus para Prometeu: "com que medida governarás seu uso?" (referindo-se ao fogo). O mal não está no conhecimento, mas no uso do mesmo. A criação tem que estar a serviço da vida e não da destruição.

Prometeu é condenado a ter o fígado comido durante o dia e restituído a noite. Até que Zeus pergunta a Prometeu se prefere continuar acorrentado ou ser livre, porém mortal. Este prefere perder a imortalidade, ganhando em troca a liberdade. Tornou-se assim o pai dos homens que agora são livres, porém mortais.

A mentira é a culpa inafiançável da existência.

Homens como Mandela, Gandhi, Beethoven e outros nos lembram da possibilidade de tocar o divino.

#254. A diferença entre a estupidez e a genialidade é que o gênio tem limites (Albert Einstein).

O possível é arma da lógica - e seu limite; o impossível é o instrumento do imaginário e torna possível a Criação - que reordena o Caos.

#255. A lógica te levará de A a B.

A imaginação te levará a todos os lugares (Albert Einstein).

#256. Essa é uma homenagem à turma de cabelos brancos.

Um jovem muito arrogante, que estava assistindo a um jogo de futebol, tomou para si a responsabilidade de explicar a um senhor já maduro, próximo dele, porque era impossível a alguém da velha geração entender esta geração.

“Vocês cresceram em um mundo diferente, um mundo quase primitivo!”, o estudante disse alto e claro de modo que todos em volta pudessem ouvi-lo.

“Nós, os jovens de hoje, crescemos com Internet, celular, televisão, aviões a jato, viagens espaciais, homens caminhando na Lua, nossas espaçonaves tendo visitado Marte. Nós temos energia nuclear, carros elétricos e a hidrogênio, computadores com grande capacidade de processamento e ....,” - fez uma pausa para tomar outro gole de cerveja.

O senhor se aproveitou do intervalo do gole para interromper a liturgia do estudante em sua ladainha e disse:

- Você está certo, filho. Nós não tivemos essas coisas quando éramos jovens porque estávamos ocupados em inventá-las. E você, o que está fazendo para a próxima geração?

#257. Tudo que vicia começa com C....

Uma fascinante e irônica reflexão sobre os vícios e a letra “cê”!

Por Ricardo Mallet:

“Os vícios vêm como passageiros, visitam-nos como hóspedes e ficam como amos.” (Confúcio)

Há momentos na vida de um ser humano em que ele se vê sem nada realmente interessante pra fazer.

Assim, sem companhia, computador ou smartphone fora de serviço, numa viagem de ônibus para Cruz Alta, fui obrigado a me divertir com os meus próprios pensamentos.

Por alguma razão que ainda desconheço, minha mente foi tomada por uma ideia um tanto sinistra: vícios.

Refleti sobre todos os vícios que corrompem a humanidade. Pensei, pensei e, de repente, um insight: tudo que vicia começa com a letra C!

De drogas leves a pesadas, bebidas, comidas ou diversões, percebi que todo vício curiosamente iniciava com cê.

Inicialmente, lembrei do cigarro que causa mais dependência que muita droga pesada. Cigarro vicia e começa com a letra c. Depois, lembrei das drogas pesadas: cocaína, crack e maconha. Vale lembrar que maconha é apenas o apelido da *cannabis sativa* que também começa com cê.

Entre as bebidas super populares há a cachaça, a cerveja e o café. Os gaúchos até abrem mão do vício matinal do café mas não deixam de tomar seu chimarrão que também – adivinha – começa com a letra c.

Refletindo sobre este padrão, cheguei à resposta da questão que por anos atormentou minha vida: por que a Coca-Cola vicia e a Pepsi não?? Tendo fórmulas e sabores praticamente idênticos, deveria haver alguma explicação para este fenômeno.

Naquele dia, meu insight finalmente revelara a resposta. É que a Coca tem dois cês no nome enquanto a Pepsi não tem nenhum. Impressionante, hein?

E o chocolate?? Este dispensa comentários. Vícios alimentares conhecemos aos montes, principalmente daqueles alimentos carregados com sal e açúcar. Sal é cloreto de sódio. E o açúcar que vicia é aquele extraído da cana.

Algumas músicas também causam dependência. Recentemente, testemunhei a popularização de uma droga musical chamada "créeeeeeu". Ficou todo o mundo viciadinho, principalmente quando o ritmo atingia a velocidade... cinco.

Nesta altura, você pode estar pensando: sexo vicia e não começa com a letra C.

Pois você está redondamente enganado. Sexo não tem esta qualidade porque denota simplesmente a conformação orgânica que permite distinguir o homem da mulher. O que vicia é o "ato sexual", e este é denominado coito.

Pois é. Coincidências ou não, tudo que vicia começa com cê. Mas atenção: nem tudo que começa com cê vicia.

Se fosse assim, estaríamos salvos pois a humanidade seria viciada em Cultura.

#258. Eu acredito no Deus de Espinoza que se revela na ordem harmônica de tudo que existe e não no Deus que se importa com os destinos e os atos dos seres humanos (Albert Einstein).

#259. Nasce um Deus. Outros morrem.

A Verdade nem veio nem se foi: o Erro mudou.

Temos agora uma outra Eternidade.

E era sempre melhor o que passou.

Cega, a Ciência a inútil gleba lavra.

Louca, a Fé vive o sonho do seu culto.

Um novo deus é só uma palavra.

Não procures nem creias: tudo é oculto (Fernando Pessoa por ele mesmo).

#260. Frases geniais de pessoas igualmente extraordinárias para divertir com sua elegância!

1. Às vezes, quando eu olho para os meus filhos, digo para mim mesmo: Lillian, você deveria ter continuado virgem (Lillian Carter, mãe de Jimmy Carter).

2. O segredo de um bom sermão é que ele tenha um bom começo e um bom final; e mais do que isso, que ambos estejam tão próximos quanto possível um do outro (George Burns).

3. Papai Noel tem a postura correta com relação a parentes. Só visitá-los uma vez por ano (Victor Borge)

4. Tome cuidado ao ler livros sobre saúde: você pode morrer devido a erros de impressão (Mark Twain).

5. De qualquer maneira, se case: se você tiver uma boa esposa, será um homem feliz; se você tiver uma má, se tornará um filósofo (Sócrates).

6. Quem me casou foi um juiz de paz. Deveria ter sido um júri (Groucho Marx).

7. Minha esposa tem um pequeno problema com sua fala. Desde sempre

até agora, ela para somente para respirar (Jimmy Durante).

8. Eu nunca odiei um homem o suficie.nte para devolver os diamantes que ele me deu (Zsa Zsa Gabor).

9. Somente o café irlandês fornece ao mesmo tempo os quatro elementos essenciais da alimentação: álcool, cafeína, açúcar e gorduras (Alex Levine).

10. Eu sou tão azarado, mas tão azarado, que se eu comprar um cemitério, as pessoas vão parar de morrer (Rodney Dangerfield).

11. O dinheiro não pode comprar a felicidade, mas pode te fazer sofrer de uma forma mais agradável (Spike Milligan).

12. Até completar os treze anos, eu pensava que meu nome era "Cala a boca" (Joe Namath).

13. Eu não me sinto velho. Eu não sinto nada até o final do dia, quando é hora para eu dormir (Bob Hope).

14. Eu nunca tomo água devido às coisas repugnantes que os peixes fazem nela (W. C. Fields).

15. Nós poderemos certamente barrar o processo de envelhecimento se ele for levado para discussão no Congresso (Will Rogers).

16. Não se preocupe em evitar as tentações. Na medida em que você envelhece, elas te evitarão (Winston Churchill).

17. Talvez seja verdade que a vida começa aos cinquenta. Mas todo o resto começa a despencar, desfalecer, estragar e assim por diante (Phyllis Diller).

18. Quando um homem se torna suficientemente sábio para evitar os descaminhos, ele já está velho demais para ir a algum lugar (Billy Crystal).

19. Dieta receitada pelo cardiologista: se é saboroso, está proibido!

#261. Uma saudação à amizade!

Abençoados os que possuem amigos, os que os têm sem pedir. Porque amigo não se pede, não se compra, nem se vende. Amigo a gente sente! Benditos os que sofrem por amigos, os que falam com o olhar. Porque amigo não se cala, não questiona, nem se rende. Amigo a gente entende! Benditos os que guardam amigos, os que entregam o ombro pra chorar. Porque amigo sofre e chora. Amigo não tem hora pra consolar! Benditos sejam os amigos que acreditam na tua verdade ou te apontam a realidade. Porque amigo é a direção. Amigo é a base quando falta o chão! Benditos sejam todos os amigos de raízes, verdadeiros.

Porque amigos são herdeiros da real sagacidade. Ter amigos é a melhor cumplicidade! Há pessoas que choram por saber que as rosas têm espinho. Há outras que sorriem por saber que os espinhos têm rosas!

#262. Se você é gay, é pecado. Se você é bissexual, é confuso. Se você é muito magro, usa drogas. Se você é gordo, come demais. Se você anda bem vestido, é riquinho. Se você anda mal vestido, é favelado. Se você diz o que pensa, é grosso. Se você não diz o que pensa, é falso. Se você chora, é um dramático. Se ela tem muitos amigos homens, é piranha. Se ele tem muitas amigas mulheres, é viado. Será que um dia vamos viver num mundo sem rótulos?

#263. De fato, a maioria dos animais selvagens é dócil quando estão bem alimentados; mas não é bem assim na tal da natureza... Os leões, por exemplo, quando adultos, serão capazes de comer seus filhotes para fazer a fêmea entrar novamente no cio e assim poderem copular novamente.

Não sejamos ingênuos; a natureza merece respeito, mas é também assassina e implacável e nada tem a ver com os princípios hipocráticos da civilidade e de seu juramento: "Lutar pelos fracos, doentes e envelhecidos para lhes oferecer a melhor dignidade de vida possível".

Estes são os únicos e eternos princípios possíveis da verdadeira civilidade e dignidade humana!

Não me consta que a tal natureza defenda os doentes, filhotes e idosos, muito ao contrário!

#264. Eis mais uma bela reflexão para os incautos materialistas e consumistas!

Sabes o que levarás desta vida? A vida que levaste; absolutamente mais nada! (Teócrito, séc. VI a.C.).

#265. Viver ou Juntar dinheiro? (Max Gehringer)

Recebi uma mensagem muito interessante de um ouvinte da CBN e peço licença para lê-la na íntegra, porque ela nem precisa dos meus comentários.

Lá vai: "Prezado Max, meu nome é Sérgio, tenho 61 anos e pertenço a uma geração azarada: Quando era jovem as pessoas diziam para escutar os mais velhos, que eram mais sábios. Agora dizem que tenho que escutar os jovens, porque são mais inteligentes. Na semana passada li numa revista um artigo no qual jovens executivos davam receitas simples e práticas para qualquer um ficar rico. E eu aprendi muita coisa... Aprendi, por exemplo, que se eu tivesse simplesmente deixado de tomar um cafezinho por dia, durante os últimos 40 anos, eu teria economizado R$ 30.000,00. Se eu tivesse deixado de comer uma pizza por mês, teria economizado R$ 12.000,00 e assim por diante. Impressionado, peguei um papel e comecei a fazer contas, então descobri, para minha surpresa, que hoje eu poderia estar milionário.

Bastava não ter tomado as caipirinhas que tomei, não ter feito muitas das viagens que fiz, não ter comprado algumas das roupas caras que comprei e, principalmente, não ter desperdiçado meu dinheiro em itens supérfluos e descartáveis. Ao concluir os cálculos, percebi que hoje eu poderia ter quase R$ 500.000,00 na conta bancária.

É claro que eu não tenho este dinheiro. Mas, se tivesse, sabe o que este dinheiro me permitiria fazer?

Viajar, comprar roupas caras, me esbaldar com itens supérfluos e descartáveis, comer todas as pizzas que eu quisesse e tomar cafezinhos à vontade. Por isso acho que me sinto absolutamente feliz em ser pobre.

Gastei meu dinheiro com prazer e por prazer, porque hoje, aos 61 anos, não tenho mais o mesmo pique de jovem, nem a mesma saúde. Portanto, viajar, comer pizzas e cafés, não faz bem na minha idade e roupas, hoje, não vão melhorar muito o meu visual!

Recomendo aos jovens e brilhantes executivos que façam a mesma coisa que eu fiz. Caso contrário, chegarão aos 61 anos com um monte de dinheiro em suas contas bancárias, mas sem ter vivido a vida".

#266. É muito fácil continuar a repetir as rotinas, fazer as coisas como têm sido feitas, como todo mundo faz. As rotinas e repetições têm um curioso efeito sobre o pensamento: elas o paralisam. A nossa estupidez e preguiça nos levam a acreditar que aquilo que sempre foi feito de um certo jeito deve ser o jeito certo de fazer (Rubem Alves).

#267. O único homem que eu conheço que se comporta sensatamente é o meu alfaiate; ele toma minhas medidas novamente a cada vez que ele me vê.

O resto continua com suas velhas medidas e espera que eu me encaixe nelas (George Bernard Shaw).

#268. Caráter é destino (Parmênides, séc. VI a.C.).

#269. "É necessário estar sempre bêbado. Tudo se reduz a isso; eis o único problema. Para não sentirdes o horrível fardo do Tempo, que vos abate e vos faz pender para a terra, é preciso que vos embriagueis sem cessar. Mas de quê? De vinho, de poesia ou de virtude, à vossa escolha. Contanto que vos embriagueis.

E, se algumas vezes, nos degraus de um palácio, na verde relva de um fosso, na desolada solidão do vosso quarto, despertardes, com a embriaguez já atenuada ou desaparecida, perguntai ao vento, à onda, à estrela, ao pássaro, ao relógio, a tudo o que foge, a tudo o que geme, a tudo o que rola, a tudo o que canta, a tudo o que fala, perguntai-lhes que horas são; e o vento, e a vaga, e a estrela, e o pássaro, e o relógio, hão de vos responder: É hora de se embriagar!

Para não serdes os martirizados escravos do Tempo, embriagai-vos; embriagai-vos sem tréguas!

De vinho, de poesia ou de virtude, à vossa escolha" (Baudelaire).

#270. Felicidade é quando o que você pensa, o que você diz e o que você faz estão em harmonia (Mahtma Ghandi).

#271. Sobre a questão dos talentos sem ética no séc. XXI

Não se desenvolvem, nem se constroem talentos sem ética. O grave erro do séc. XXI é caçar e usar talentos a qualquer preço e somente em benefício pessoal. A função dos talentos é acima de tudo ética e social. Nunca é demais repetir o aforismo oriental arcaico do samurai: quanto mais talentos tiveres, menos terás o direito de usar somente em benefício próprio; talentos são dádivas dos deuses para que coparticipes da criação e da civilidade - e não para se locupletar e ter vantagens sobre os outros!

#272. A pedra

O distraído tropeçou nela.

O violento projetou-a.

O empreendedor construiu com ela.

O homem do campo cansado, usou-a como assento.

As crianças brincaram com ela.

Drummond poetizou-a.

David usou-a para matar Golias.

Miguel Ângelo fez com ela as mais belas esculturas.

Em todos os exemplos a diferença não estava na pedra, mas sim no tipo de homem.

Não existe pedra no teu caminho que não possas aproveitar.

#273. Não permita que imprevistos matem seus sonhos; faça dos sonhos a razão de ser dos imprevistos - e de sua razão de viver!

#274. Necessitamos uns dos outros para sermos nós mesmos (Santo Agostinho).

#275. O fanatismo é a única forma de força de vontade acessível aos fracos. (Friedrich Nietzsche)

#276. O que é ser livre? É não termos vergonha de sermos quem somos. (Friedrich Nietzsche, "A Gaia Ciência")

#277. Uma vez que aliviamos nossa consciência chamando algo de um "mal necessário", isso começa a parecer mais e mais necessário e menos e menos mal. (Sydney J. Harris)

#278. Por meio do pensamento científico trocamos o natural pelo artificial, até que, finalmente, conseguimos declarar nossa independência: "Deus morreu!" (Nietzsche, 1996, p. 141).

Mas que Deus é esse que matamos? Conseguimos matar o deus Cronos (a temporalidade), ou ele ainda nos devora? Conseguimos eliminar a deusa Atená (a sabedoria intuitiva), ou ela ainda existe em alguma mente brilhante?

Conseguimos matar Ares (o deus da guerra), ou é ele que ainda nos destrói em conflitos pelos quatro cantos do mundo? Conseguimos eliminar Eros (a arte de viver e amar para os antigos), ou foi ele que nos enlouqueceu até sermos trazidos de volta à sanidade por Freud e as psicoterapias? Matamos Dioniso (o deus do êxtase e do entusiasmo), ou ele continua nos dando alguma alegria nos "*happy hours*" para aguentarmos o ritmo massacrante do dia-a-dia?

Parece que não matamos os deuses. O que ocorreu foi que amputamos uma parte da realidade. C. G. Jung já ironizava essa questão: "Os deuses se transformaram nas doenças da modernidade" (Jung, 1923, p. 349).

#279. O sentido do mito não é claro para a maioria, pois estamos vivendo uma cultura esfacelada pela busca da realização egoica. Seu real sentido é o caminho do herói, que nada mais é que a coragem de ser verdadeiro, assim se apresentar e buscar seus sonhos milenares impressos na essência do seu ser: seus sonhos e talentos e jamais a busca do sucesso a qualquer custo, sacrificando nossa essência mítica.

#280. "Admiro muito o psicólogo Abraham Maslow. No entanto, quando li um dos seus livros, encontrei uma espécie de escala de valores pelos quais, de acordo com suas pesquisas psicológicas, as pessoas viveriam. Ele apresentou uma lista de cinco valores: sobrevivência, segurança, relacionamentos pessoais, prestígio e realização pessoal. Olhei para a lista e me perguntei por que me parecia tão estranha. Enfim percebi que esses são exatamente os valores que a mitologia transcende.

Sobrevivência, segurança, relacionamentos pessoais, prestígio e realização pessoal - pelo que eu saiba, são exatamente esses os valores que não são os mais importantes na vida de uma pessoa de inspiração mítica. Eles correspondem ao modo biológico primário concebido pelo consciente humano. A mitologia começa onde começa a loucura. A pessoa que tenha sido cativada por um chamado, uma devoção, uma crença, um entusiasmo, sacrificará a sua segurança, sacrificará até mesmo a própria vida, sacrificará os relacionamentos, sacrificará o prestígio e sequer pensará em realização pessoal - entregar-se-á por inteiro a seu mito" (Joseph Campbell, "Mito e transformação").

#281. É desta brutalidade e arte de enganar, estabelecida pelo Nazismo, que vivem hoje as empresas e o famigerado Marketing.

"A essência da propaganda é ganhar as pessoas para uma ideia de forma tão sincera, com tal vitalidade, que, no final, elas sucumbam a essa ideia completamente, de modo a nunca mais escaparem dela. A propaganda quer impregnar as pessoas com suas ideias. É claro que a propaganda tem um propósito. Contudo, este deve ser tão inteligente e virtuosamente escondido que aqueles que venham a ser influenciados por tal propósito nem o percebam" (Joseph Goebbels, Ministro da Propaganda da Alemanha Nazista, preso e julgado em Nuremberg, mas seus ensinamentos foram plenamente adotados pelo mundo...).

#282. Dinheiro perdido... Nada perdido!

Saúde perdida... Muito perdido!

Caráter perdido... Tudo perdido!

(Provérbio helênico arcaico)

#283. Minha solidão não tem nada a ver com a presença ou ausência de pessoas... Detesto quem me rouba a solidão, sem em troca me oferecer verdadeiramente companhia (Friedrich Nietzsche).

#284. É pura inércia mental supor que, à medida que avança a história, é maior o espaço para que o homem se realize como indivíduo.

Não! A história está cheia de retrocessos e é certamente a estrutura da vida em nossa época o que mais impede o homem de viver como pessoa (Ortega Y Gasset, "A Rebelião das massas").

#285. O Estado e a Igreja odeiam aqueles que ousam pensar e se conduzir por conta própria (Nietzsche, "A Gaia Ciência").

#286. Carpinteiros vergam a madeira; arqueiros retesam as flechas; o homem sábio molda a si mesmo (Buda).

#287. Há mulheres geniais e homens geniais; há mulheres vagabundas e homens vagabundos! E isto não tem nada a ver - e nunca teve - com os genitais! Julgar alguém pelo desempenho ou natureza de seus genitais e/ou uso dos mesmos é a suprema barbárie da falta de civilidade e respeito ao direito de ser e de escolha!

A questão não é - e nunca foi – genital – a questão está na cabeça de cima, pelo amor dos deuses!

#288. Pessoas muito bem analisadas são tremendamente chatas! Quem tira todos os seus fantasmas do caminho leva embora os anjos também! (Resposta de Rainer Maria Rilke recusando o convite de Sigmund Freud para submeter-se à psicanálise, em 1915).

#289. Evoluímos, será?

Na fila do supermercado o caixa diz a uma senhora idosa que deveria trazer suas próprias sacolas para as compras, uma vez que sacos de plástico não eram amigáveis ao meio ambiente. A senhora pediu desculpas e disse: "Não havia essa onda verde no meu tempo."

O empregado respondeu: "Esse é exatamente o nosso problema hoje, minha senhora. Sua geração não se preocupou o suficiente com nosso meio ambiente."

"Você está certo", responde a velha senhora, nossa geração não se preocupou adequadamente com o meio ambiente. Naquela época, as garrafas de leite, garrafas de refrigerante e cerveja eram devolvidos à loja. A loja mandava de volta para a fábrica, onde eram lavadas e esterilizadas antes de cada reuso, e eles, os fabricantes de bebidas, usavam as garrafas, umas tantas outras vezes. Realmente não nos preocupamos com o meio ambiente no nosso tempo. Subíamos as escadas, porque não havia escadas rolantes nas lojas e nos escritórios. Caminhávamos até o comércio, ao invés de usar o nosso carro de 300 cavalos de potência a cada vez que precisamos ir a dois quarteirões. Mas você está certo. Nós não nos preocupávamos com o meio ambiente. Até então, as fraldas de bebês eram lavadas, porque não havia fraldas descartáveis. Roupas secas: a secagem era feita por nós mesmos, não nestas máquinas bamboleantes de 220 volts. A energia solar e eólica é que realmente secavam nossas roupas. Os meninos pequenos usavam as roupas que tinham sido de seus irmãos mais velhos, e não roupas sempre novas. Mas é verdade: não havia preocupação com o meio ambiente, naqueles dias. Naquela época só tínhamos somente uma TV ou rádio em casa, e não uma TV em cada quarto. E a TV tinha uma tela do tamanho de um lenço, não um telão do tamanho de um estádio; que depois será descartado como? Na cozinha, tínhamos que bater tudo com as mãos porque não havia máquinas elétricas, que fazem tudo por nós. Quando embalávamos algo um pouco frágil para o correio, usávamos jornal amassado para protegê-lo, não plástico-bolha ou pellets de plástico que duram cinco séculos para começar a degradar. Naqueles tempos não se usava um motor a gasolina apenas para cortar a grama, era utilizado um cortador de grama que exigia músculos. O exercício era extraordinário, e não precisava ir a uma academia e usar esteiras que também funcionam a eletricidade. Mas você tem razão: não havia naquela época preocupação com o meio ambiente. Bebíamos diretamente da fonte, quando estávamos com sede, em vez de usar copos plásticos e garrafas pet que agora lotam os oceanos. Canetas: recarregávamos com tinta umas tantas vezes ao invés de comprar uma outra. Abandonamos as navalhas, ao invés de jogar fora todos os aparelhos descartáveis e poluentes só porque a lâmina ficou sem corte. Na verdade, tivemos uma onda verde naquela época. Naqueles dias, as pessoas tomavam o bonde ou o ônibus e os meninos iam em suas bicicletas ou a pé para a escola, ao invés de usar a mãe como um serviço de táxi 24 horas. Tínhamos só uma tomada em cada quarto, e não um quadro de tomadas em cada parede para alimentar uma dúzia de aparelhos. E nós não precisávamos de um GPS para receber sinais de satélites a milhas de distância no espaço, só para encontrar a pizzaria mais próxima. Então, não é risível que a atual geração fale tanto em meio ambiente, mas não quer abrir mão de nada e não pensa em viver um pouco como na minha época?

#290. É preciso exagerar! No amor, na vida, na entrega! Pois que sem exagero nada existe! (Baudelaire, "Flores do mal")

#291. Quem não aprender a morrer jamais servirá para viver! (Sócrates, "Fédon").

Este aforismo significa simplesmente que somente aqueles que sabem como a vida é provisória amam aqueles que estão consigo, pois partirão a qualquer momento. Portanto, não esperam para amá-los; é já, é hoje, pois partirão a qualquer momento!

#292. Podemos facilmente perdoar uma criança que tem medo do escuro; a real tragédia da vida é quando os homens têm medo da luz (Platão).

#293. Segue este lindo poema de Cora Coralina, cujo nome já diz tudo.

Todos estão matriculados na escola da vida onde o mestre é o tempo.

Feliz aquele que transfere o que sabe e aprende o que ensina.

O saber a gente aprende com os mestres e os livros.

A sabedoria se aprende é com a vida e com os humildes.

Não sei se a vida é curta ou longa para nós, mas sei que nada do que vivemos tem sentido, se não tocarmos o coração das pessoas.

Muitas vezes basta ser: colo que acolhe, braço que envolve, palavra que conforta, silêncio que respeita, alegria que contagia, lágrima que corre, olhar que acaricia, desejo que sacia, amor que promove.

E isso não é coisa do outro mundo, é o que dá sentido à vida.

É o que faz com que ela não seja nem curta, nem longa demais.

Mas que seja intensa enquanto durar.

#294. Há um tempo em que é preciso abandonar as roupas usadas, que já tem a forma do nosso corpo, e esquecer os nossos caminhos, que nos levam sempre aos mesmos lugares. É o tempo da travessia: e, se não ousarmos fazê-la, teremos ficado, para sempre, à margem de nós mesmos. (Fernando Pessoa)

#295. A importância do cafezinho

Dois leões fugiram do Jardim Zoológico.

Na fuga, cada um tomou um rumo diferente. Um dos leões foi para as matas e o outro foi para o centro da cidade. Procuraram os leões por todo o lado, mas ninguém os encontrou.

Depois de um mês, para surpresa geral, o leão que voltou foi justamente o que fugira para as matas. Voltou magro, faminto, alquebrado. Assim, o leão foi reconduzido a sua jaula.

Passaram-se oito meses e ninguém mais se lembrou do leão que fugira para o centro da cidade, quando um dia, o bicho foi recapturado. E voltou ao Jardim Zoológico gordo, sadio, vendendo saúde.

Mal ficaram juntos de novo, o leão que fugira para a floresta perguntou ao colega:

- Como é que conseguiste ficar na cidade esse tempo todo e ainda voltar com saúde? Eu, que fugi para a mata, tive que voltar, por que quase não encontrava o que comer!

O outro leão então explicou:

- Enchi-me de coragem e fui esconder-me numa repartição pública. Cada dia comia um funcionário e ninguém dava por falta dele.

- E por que voltaste então para cá? Tinham acabado os funcionários?

- Nada disso. Funcionário público é coisa que nunca acaba. É que eu cometi um erro gravíssimo. Tinha comido o diretor geral, dois superintendentes, cinco adjuntos, três coordenadores, dez assessores, doze chefes de seção, quinze chefes de divisão, várias secretárias, dezenas de funcionários e ninguém deu por falta deles! Mas, no dia em que eu comi o que servia o cafezinho... Estraguei tudo!

#296. Os homens perdem a saúde para juntar dinheiro, depois perdem dinheiro para recuperar a saúde. E por pensarem ansiosamente no futuro se esquecem do presente de forma que acabam por não viver nem o presente, nem o futuro. E vivem como se nunca fossem morrer... e morrem como se nunca tivessem vivido (Dalai Lama).

#297. Frase da filósofa russo-americana Ayn Rand (judia, fugitiva da revolução russa, que chegou aos Estados Unidos na metade da década de 1920), mostrando uma visão com conhecimento de causa:

"Quando você perceber que, para produzir, precisa obter a autorização de quem não produz nada; quando comprovar que o dinheiro flui para quem negocia não com bens, mas com favores; quando perceber que muitos ficam ricos pelo suborno e por influência, mais que pelo trabalho, e que as leis não nos protegem deles, mas, pelo contrário, são eles que estão protegidos de você; quando perceber que a corrupção é recompensada, e a honestidade se converte em auto sacrifício; então poderá afirmar, sem temor de errar, que sua sociedade está condenada".

#298. O idiota e a moeda (Arnaldo Jabor)

Conta-se que numa cidade do interior um grupo de pessoas se divertia com o idiota da aldeia. Um pobre coitado, de pouca inteligência, vivia de pequenos biscates e esmolas.

Diariamente eles chamavam o idiota ao bar onde se reuniam e ofereciam a ele a escolha entre duas moedas: uma grande de 400 réis e outra menor de 2.000 réis. Ele sempre escolhia a maior e menos valiosa, o que era motivo de risos para todos.

Certo dia, um dos membros do grupo chamou-o e lhe perguntou se ainda não havia percebido que a moeda maior valia menos.

- Eu sei, respondeu o tolo! Ela vale cinco vezes menos, mas no dia que eu escolher a outra, a brincadeira acaba e não vou mais ganhar minha moeda. Completou ele.

Podem-se tirar várias conclusões dessa pequena narrativa.

A primeira: Quem parece idiota, nem sempre é.

A segunda: Quais eram os verdadeiros idiotas da história?

A terceira: Se você for ganancioso, acaba estragando sua fonte de renda.

Mas a conclusão mais interessante é a percepção de que podemos estar bem, mesmo quando os outros não têm uma boa opinião a nosso respeito.

Portanto, o que importa não é o que pensam de nós, mas sim, quem realmente somos!

O maior prazer de um homem inteligente é bancar o idiota diante de um idiota que banca o inteligente. Preocupe-se mais com sua consciência do que com sua reputação. Porque sua consciência é o que você é, e sua reputação é o que os outros pensam de você.

E o que os outros pensam... é problema deles.

#299. Algumas reflexões sobre a estupidez humana; infinita, como assegurava Einstein!

Uma empresa entendeu que estava na hora de mudar o estilo de gestão e contratou um novo gerente geral.

Este veio determinado a inovar..., a agitar as bases e tornar a Empresa mais produtiva e mais lucrativa.

No primeiro dia, acompanhado dos principais assessores, fez uma inspeção geral na empresa.

No armazém, todos estavam trabalhando, mas um jovem estava encostado na parede com as mãos no bolso.

Vendo uma boa oportunidade de demonstrar a sua nova filosofia de trabalho, o novo gerente se aproxima e pergunta ao rapaz:

- Quanto é que você ganha por mês?

- Novecentos reais, porquê? - respondeu o rapaz sem saber do que se tratava.

O administrador tirou os R$ 900,00 do bolso e os deu ao rapaz, dizendo:

- Aqui está o seu salário deste mês. Agora desapareça e não volte aqui nunca mais!

O rapaz guardou o dinheiro e saiu conforme as ordens recebidas.

O gerente então, enchendo o peito, pergunta ao grupo de operários:

- Algum de vocês sabe o que este tipo fazia aqui?

- Sim senhor - responderam atônitos os operários...

- Veio entregar uma pizza e estava aguardando o troco.

"Há pessoas que desejam tanto mandar, que se esquecem de pensar." (Luís Fernando Veríssimo)

#300. Os deuses apenas sugerem nosso destino, jamais o impõem; no entanto aquele que desejar se ver livre dele, poderá ir a todos os lugares, mas será como estar no deserto: todos os lugares irão dar em lugar algum... Para o pensamento grego arcaico cumprir seu destino nada mais é que tornar-se cada vez mais você mesmo a partir de você mesmo, até você se tornar uma obra de arte, semelhante aos deuses. Isto é a evolução cósmica em direção à imortalidade.

#301. Os anos enrugam a pele, mas renunciar ao entusiasmo faz enrugar a alma (Albert Schweitzer).

#302. Disse Antígona para o arrogante rei Creonte: "Eu nasci para o amor e só conheço um único mandamento - e não preciso de outros: O direito inalienável a todos de nascer, viver e morrer com dignidade e honra!"

#303. A cada dia que vivo, mais me convenço de que o desperdício da vida está no amor que não damos, nas forças que não usamos, na prudência egoísta que nada arrisca e que, esquivando-nos do sofrimento, perdemos também a felicidade (Drummond).

#304. Sobre os filhos "físicos" e os cósmicos. Texto de Gibran Kalil:

Seus filhos não são seus.

São filhos da vida e da ânsia de viver.

Vêm ao mundo através de você, mas não são uma extensão do seu ser.

Estão com você, mas não lhe pertencem.

Podem receber seu amor, mas não os seus pensamentos, pois têm os seus próprios.

Você pode acolher seus corpos, mas não suas almas, pois elas habitam o amanhã; algo que você não conhece sequer em sonhos.

Pode tentar ser como eles, mas jamais fazê-los serem iguais a você.

#305. Viciado em trabalho!

01 - Um Viciado em Trabalho não tem quarto... Tem escritório!

02 - Um Viciado em Trabalho não tem amigos... Tem contatos!

03 - Um Viciado em Trabalho não tem vida... Tem carreira!

04 - Um Viciado em Trabalho não tem sonhos... Tem projetos!

05 - Um Viciado em Trabalho não tem encontros... Tem reuniões!

06 - Um Viciado em Trabalho não toma cerveja... Toma decisões!

07 - Um Viciado em Trabalho não faz sexo... Descarrega o stress!

08 - Um Viciado em Trabalho não navega na Internet... Faz pesquisas!

09 - Um Viciado em Trabalho não tem domingo... Tem hora-extra!

10 - Por último, fique tranquilo: Um Viciado em Trabalho não fica lendo essas mensagens... Ele trabalha!

Ou seja, não é o seu caso...

Nem o meu que fico enviando para você!

#306. Aviso aos incautos: trabalhar demais é tão ou mais prejudicial à saúde que fumar!

#307. Como a medicina da doença funciona (Carlos Bayma, médico)

Aos 30 anos, você tem uma depressãozinha, uma tristeza meio persistente: prescreve-se Fluoxetina. A Fluoxetina dificulta seu sono. Então, prescreve-se Clonazepam, o Rivotril da vida. O Clonazepam o deixa meio bobo ao acordar e reduz sua memória. Volta ao doutor.

Ele nota que você aumentou de peso. Aí, prescreve Sibutramina.

A Sibutramina o faz perder uns quilinhos, mas lhe dá uma taquicardia incômoda. Novo retorno ao doutor. Além da taquicardia, ele nota que você, além da "batedeira" no coração, também está com a pressão alta. Então, prescreve-lhe Losartana e Atenolol, este último para reduzir sua taquicardia.

Você já está com 35 anos e toma: Fluoxetina, Clonazepam, Sibutramina, Losartana e Atenolol. E, aparentemente adequado, um "polivitamínicos" é prescrito. Como o doutor não entende nada de vitaminas e minerais, manda que você compre um "Polivitamínico de A a Z" da vida, que pra muito pouca coisa serve. Mas, na mídia, Luciano Huck disse que esse é ótimo. Você acreditou, e comprou. Lamento!

Já se vão R$ 950,00 por mês. Pode pesar no orçamento. O dinheiro a ser gasto em investimentos e lazer, escorre para o ralo da indústria farmacêutica. Você começa a ficar nervoso, preocupado e ansioso (apesar da Fluoxetina e do Clonazepam), pois as contas não batem no fim do mês. Começa a sentir dor de estômago e azia. Seu intestino fica "preso". Vai a outro doutor. Prescrição: Omeprazol + Domperidona + Laxante "Natural".

Os sintomas somem, mas só os sintomas, apesar da "escangalhação" que virou sua flora intestinal. Outras queixas aparecem. Dentre elas, uma é particularmente perturbadora: aos 37 anos, apenas, você não tem mais potência sexual. Além de estar "brochando" com frequência, tem pouquíssimo esperma e a libido está embaixo dos pés.

Para o doutor da medicina da doença, isso não é problema. Até manda você escolher o remédio: Sildanafil, Tadalafil, Lodenafil ou Vardenafil, escolha por pim-pam-pum. Sua potência melhora, mas, como consequência, esses remédios dão uma tremenda dor de cabeça, palpitação, vermelhidão e coriza. Não há problema, o doutor aumenta a dose do Atenolol e passa uma Neosaldina para você tomar antes do sexo. Se precisar, instila um "remedinho" para seu corrimento nasal, que sobrecarrega seu coração.

Quando tudo parecia solucionado, aos 40 anos, você percebe que seus dentes estão apodrecendo e caindo (entre nós, é o antidepressivo). Tome grana pra gastar com o dentista. Nessa mesma época, outra constatação: sua memória está falhando bem mais que o habitual. Mais uma vez, para seu doutor, isso não é problema: Ginkgo Biloba é prescrito.

Nos exames de rotina, sua glicose está em 110 e seu colesterol em 220. Nas costas da folha de receituário, o doutor prescreve Metformina + Sinvastatina. "É para evitar Diabetes e Infarto", diz o cuidador de sua saúde (?!).

Aos 40 e poucos anos, você já toma: Fluoxetina, Clonazepam, Losartana, Atenolol, Polivitamínico De A a Z, Omeprazol, Domperidona, Laxante "Natural", Sildenafil, Vardenafil, Lodenafil ou Tadalafil, Neosaldina (ou "Neusa", como chamam), Ginkgo Biloba, Metformina e Sinvastatina (convenhamos, isso está muito longe de ser saudável!). Três mil reais por mês! E sem saúde!

Entretanto, você ainda continua deprimido, cansado e engordando. O doutor, de novo. Troca a Fluoxetina por Duloxetina, um antidepressivo "mais moderno". Após dois meses você se sente melhor (ou um pouco "menos ruim"). Porém, outro contratempo surge: o novo antidepressivo o faz urinar demoradamente e com jato fraco. Passa a ser necessário levantar duas vezes à noite para mijar. Lá se foi seu sono, seu descanso extremamente necessário para sua saúde. Mas isso é fácil para seu doutor: ele prescreve Tansulosina, para ajudar na micção, o ato de urinar. Você melhora, realmente, contudo... não ejacula mais. Não sai nada! Vou parar por aqui. É deprimente. Isso não é medicina. Isso não é saúde.

Essa história termina com uma situação cada vez mais comum: a derrocada em bloco da sua saúde. Você está obeso, sem disposição, com sofrível ereção e memória e concentração deficientes. Diabético, hipertenso e com suspeita de câncer. Dentes: nem vou falar. O peso elevado arrebentou seu joelho (um doutor cogitou até colocar uma prótese). Surge na sua cabeça a ideia maluca de procurar um Cirurgião Bariátrico, para "reduzir seu estômago" e um Psicoterapeuta para cuidar de seu juízo destrambelhado é aconselhado.

Sem grana, triste, ansioso, deprimido, pensando em dar fim à sua minguada vida e... Doente, muito doente! Apesar dos "remédios" (ou por causa deles!).

A indústria farmacêutica? "Vai bem, obrigado!", mais ainda com sua valiosa contribuição por anos ou décadas. E o seu doutor? "Bem, obrigado!". Graças à sua doença (ou à doença plantada passo-a-passo em sua vida).

#308. Que pena que não há academias purificadoras da psique assim como em cada esquina temos restaurantes naturebas para desintoxicar o corpo... Não adianta nada o corpo limpo com a psique suja.

Lamento, mas essa balela de que tua vida será salva pelo que você come é uma piada de mau gosto! Confúcio, já no VI séc. a.C. nos alertava de que você não é o que come, mas como você vive! De nada adianta ser natureba e viver com rancor! De nada adianta ser um desvairado em busca de grana sacrificando teu prazer de viver - como a imensa maioria faz - e ser natureba! Nada te salvará de teus desmandos e desrespeitos da arte de viver e amar e pobres daqueles que atribuem poder mágico à comida!

#309. O paradoxo do nosso tempo (George Carlin)

Bebemos demais, fumamos demais, gastamos sem critérios, dirigimos rápido demais, ficamos acordados até muito mais tarde, acordamos muito cansados, lemos muito pouco, assistimos TV demais e rezamos raramente.

Multiplicamos nossos bens, mas reduzimos nossos valores.

Falamos demais, amamos raramente, odiamos frequentemente.

Aprendemos a sobreviver, mas não a viver; adicionamos anos à nossa vida e não vida aos nossos anos.

Fomos e voltamos à lua, mas temos dificuldade em cruzar a rua e encontrar nosso vizinho.

Conquistamos o espaço sideral, mas não o nosso próprio.

Fizemos muitas coisas maiores, mas pouquíssimas melhores. Limpamos o ar, mas poluímos a alma; dominamos o átomo, mas não nosso preconceito; escrevemos mais, mas aprendemos menos; planejamos mais, mas realizamos menos.

Aprendemos a nos apressar e, não a esperar.

Construímos mais computadores para armazenar mais informação, produzir mais cópias do que nunca, mas nos comunicamos menos.

Estamos na era do *fast food* e da digestão lenta; do homem grande, mas de caráter pequeno; lucros acentuados e relações vazias.

Esta é a era de dois empregos, vários divórcios, casas chiques e lares despedaçados. Esta é a era das viagens rápidas, fraldas e moral descartáveis, das rapidinhas, dos cérebros ocos e das pílulas mágicas.

Um momento de muita coisa na vitrine e muito pouco na despensa. Armários cheios e corações vazios.

Lembre-se de passar tempo com as pessoas que ama, pois elas não estarão por aqui para sempre.

Lembre-se de dar um abraço carinhoso num amigo, pois não lhe custa um centavo sequer.

Lembre-se de dizer "eu te amo" à sua esposa e às pessoas que ama, mas, em primeiro lugar, ame... ame muito.

Um beijo e um abraço curam a dor, quando vêm de lá de dentro.

O segredo da vida não é ter tudo que você quer, mas amar tudo que você tem!

Por isso, valorize o que você tem e as pessoas que estão ao seu lado.

Hoje!

#310. O que me surpreende, em nossa sociedade, é que a arte se relacione apenas com objetos e não com indivíduos ou com a vida; e que também seja um domínio especializado, um domínio de peritos, que são os artistas. Mas a vida de todo indivíduo não poderia ser uma obra de arte? Por que uma mesa ou uma casa são objetos de arte, mas nossas vidas não? (Michel Foucault, 1994).

Uma ótima pergunta sobre os escravos modernos que se prostituem em troca de um consumismo desenfreado de inutilidades...

Resumindo: a cultura do pecado é uma tragédia judaico-cristã-islâmica!

#311.

TRADIÇÃO JUDAICO-CRISTÃ-ISLÂMICA	TRADIÇÃO E COSMOVISÃO HENOTEÍSTA - POLITEÍSTA
Religião monoteísta que assume a criação do mundo "ex nihilo" – do nada em direção ao ser: Caos e Criação.	Concepção animista e henoteísta (um princípio divino que se manifesta através de divindades menores) que crê na regeneração infinita do universo através da Criação.
Conhecimento sistematizado pela tradição teológico-aristotélica do Ocidente.	Saberes tradicionais que fortalecem as identidades étnicas e as relações locais.
Apresenta a divindade como o absoluto.	Conteúdo simbólico e arquetípico que atualiza e recompõe a vida graças aos ritos e às oferendas.
Concepção teocêntrica e dogmática.	Vivência cíclica alicerçada na comunidade.
Discurso sistemático que expressa a verdade necessária, universal e eterna do Verbo.	Solidariedade social fortalecida graças à recriação das tradições.
Verdade revelada ao povo eleito de Deus.	Religião do orgiástico festivo e sagrado.
Conteúdo sintético da razão e da fé governado pela culpa de existir.	Conteúdo simbólico e mítico que convidam ao afeto e estimulam os sentimentos.
Cultura do livro sagrado baseada na revelação e na verbalização.	Cultura da oralidade e da percepção com relatos dispersos, variados e fantásticos.
Filosofia que estabelece o "telos" (final) da história com conteúdo de salvação ou apocalíptico.	Sentimento cosmocêntrico que aceita e celebra a diversidade cultural.
Paradigma soteriológico (salvador) com base numa antropologia da culpa inafiançável do pecado ("miserere nobis").	Conteúdo naturalista que subordina o homem a um equilíbrio e a uma harmonia cósmica.
Personificação do mal que incide nos espaços da salvação e condenação eterna. Culpa é idêntica ao fato de existir; é o pecado original.	Crença na onipresença das divindades, na ambiguidade de sua essência e em seus aspectos benéficos e malignos simultâneos.
O sacrifício é um gesto ritual central nos atos que proporcionam a redenção.	A reciprocidade com o mundo sobrenatural é um gesto ritual inelutável.
Religião eurocêntrica útil para justificar os propósitos de conquista, colonização e saque das culturas autóctones.	Crenças comunitárias compartilhadas de modo previsível ou ocasional.

#312. Arte de viver Zen, com Zeus, celebrando a arte de amar a cada instante!

Sobre o significado e a função original de "Ócio Criador" - Psicagogia (conduzir a psiquê) em grego antigo.

Faça uma coisa de cada vez.

Faça com calma, mas com determinação.

Termine sempre o que começou.

Faça menos, nunca demais.

Coloque intervalos entre as realizações.

Dedique-se em criar rituais para tudo que puder.

Dedique o tempo certo para as coisas certas.

Dedique um tempo sagrado para o sentar e contemplar.

Sorria e dedique seu tempo para a alegria de servir ao outro.

Cultive os atos de cozinhar e arrumar a casa como rituais sagrados.

Cozinhar é uma maneira de amar.

Sempre repense o que é realmente necessário.

Viva com simplicidade: *metron ariston* ("a medida da excelência").

Vista-se com qualquer cor - desde que branco (Sócrates).

Viva mais com menos.

REVISÃO EPISTEMOLÓGICA:

SOBRE OS CONCEITOS DE ÓCIO, CULPA E TRABALHO.

INTRODUÇÃO

Muito se tem discutido sobre o tema “ócio” no Brasil e no mundo ocidental de forma geral. No entanto, compreendê-lo como potencial transformador na contemporaneidade consumista, apressada e utilitarista ainda representa um desafio. O problema está na dificuldade de entendê-lo, fruto do que nos tornamos, a partir de uma educação, predominantemente utilitarista, que se volta a formar exclusivamente homens de sucesso para o mercado. Desse modo, somos moldados pelas instituições nas quais nos inserimos desde que nascemos e, na maioria das vezes, nem podemos escolher. Tentaremos aqui retomar alguns dos encaminhamentos originais sobre as categorias Ócio e *Trabalho*, resgatando os conceitos originais da formação do homem obra de arte, princípio primeiro da Paideia Grega.

Deveríamos, na atualidade, pensar num ser humano ético e numa sociedade mais tolerante e cuidadosa com a vida, pois cremos ser ainda possível a retomada de valores universais para qualquer tempo, onde a vida humana possa existir numa condição de dignidade e os indivíduos possam realizar sua jornada em busca de afeto, vínculo e reconhecimento digno de ser-se pelo que se é.

O fato é que no lado ocidental do globo sempre se privilegiou o sucesso, muitas vezes a qualquer custo. Para isto estiveram sempre a postos as instituições que inventam crenças e valores e, sobretudo, orientam muito mais para seus interesses do que para as realizações de cada sujeito, ator de sua experiência e satisfação, orientado por seus talentos.

Assim, a partir das obras arcaicas visitadas, do confronto com a observação e pesquisa ao longo dos anos e da constatação do que deixamos passar nas traduções do grego para o latim e deste para as novas línguas latinas, lançamos esta provocação sobre uma epistemologia do Ócio e do Trabalho, com o intuito de uma revisão séria sobre a questão do ócio e da culpa como um direito inalienável de se viver com dignidade e honra.

2. TRABALHO E ÓCIO – CONCEITOS REDUZIDOS PELA APREENSÃO UTILITARISTA SIMPLISTA

O que salta aos olhos em primeiro momento é o enorme empobrecimento das atividades que hoje atendem pelo nome tão simplificado de "Trabalho" e "Ócio".

Não se trata aqui de uma busca erudita sobre a origem e o significado dessas palavras, mas sim de retomar condutas e hábitos que antes construíam, através da educação (Paideia), o homem verdadeiramente civilizado – o cidadão da sociedade – homem obra de arte, ético e criador – (Salis, 2017) e que hoje se apresenta vulnerável, em cheque com sua decadência de valores a partir da característica consumista que o determina (Lipovetsky, 2007).

Assim, para uma explicitação das formas praticadas para o Ócio e Trabalho no processo de educação (Paideia), no cotidiano da Grécia antiga, retomaremos algumas explicitações com base na literatura revisitada e arriscaremos ainda algumas inferências para o que hoje tratamos de forma simplificada.

Note-se que esta simplificação – tanto do termo e da apropriação de Ócio como do termo *Trabalho* - é reflexo da transformação das sociedades *mítico-eróticas* em sociedades mercantilistas e hoje consumistas.

A denominação "sociedades mítico-eróticas" aparece pela primeira vez em Mircea Eliade (1986) em sua obra Mito e realidade, adotada por vários outros estudiosos da mitologia. Trata-se de caracterizar culturas onde não existe uma separação rígida entre o *real* e o *imaginário*, sendo um o reverso do outro. O papel do mito seria unificar estas duas realidades de modo paradigmático. Além disso, o *erótico* aqui tratado define um modo de vida que valoriza o viver de modo *apaixonado e criativo*, tomando como forma menor o sujeito que se deixa anular pela produção do que lhe é exterior, como nas sociedades "produtivas" e voltadas ao acúmulo de bens.

Em torno do séc. V a.C. ocorre uma transformação no mundo grego, que costumamos chamar de "morte das sociedades mítico-eróticas". Tem início o período clássico e, logo a seguir, o chamado mundo helenístico. Esta transformação trará enormes consequências para o modo de pensar e viver das sociedades e civilizações que se desenvolveram a partir desse ponto.

Em primeiro lugar, merece uma explicação o significado de "mítico-erótico". As assim chamadas sociedades tinham como característica principal uma visão de mundo que tem o mítico ocupando um papel central, e sublinhamos que isto queria dizer que não havia uma separação rígida entre o real e o imaginário. Além disso, o mundo era visto como um lugar mágico e religioso, onde o divino se encontrava em toda a parte. Como consequência, todas as coisas, sejam elas plantas, animais e locais como bosques, mares, rios etc. eram divinizados e, portanto, existia uma ordenação e um respeito a tudo que existisse (Salis, 2008 em Cuenca. M. & Martins, J.C.O, 2008).

A função dos mitos era explicar e justificar, de um ponto de vista divino, a razão de ser de tudo que existe no mundo e, mais ainda, consolidar sua função cósmica; portanto, aos homens era vetado intervir indistintamente na natureza e na vida, uma vez que isto seria considerado uma afronta aos deuses. A consequência prática dessa visão é que o divino, estando onipresente, exigia respeito por parte do homem para todas as formas de vida. Vários mitos chegaram até nós, exemplificando a punição exemplar dos deuses para aqueles que ousaram desrespeitar os animais e os bosques considerados sagrados. Vejamos dois como exemplos da proteção que as árvores e os animais recebiam pela lei, que punia aqueles que ousassem derrubar árvores ou matar animais, sem uma real justificativa. A caça também era regulada por leis, sendo interdita aos homens a entrada e a caça nos bosques sagrados. Na verdade, somente em casos de grandes secas, e consequente fome eminente, é que a entrada para a caça nestes locais era permitida (idem).

Passamos a expor algumas leituras sobre mitos para melhor entendimento, a partir de um trecho do livro Mitologia Viva (Salis, 2004):

- Erisictonos e o carvalho sagrado.

Este mito conta a história de um rei ganancioso que, irritado com o culto que seus súditos dedicavam a um belíssimo carvalho da floresta, mandou derrubá-lo. A ninfa que o habitava, queixou-se à deusa Deméter; esta, por sua vez, para castigar o impiedoso rei, enviou-lhe a terrível divindade Pênia (a fome) para assolar o seu palácio. Imediatamente tomou conta do rei uma fome inesgotável, que em pouco tempo fez com que todos os fartos recursos de seu reino fossem por ele devorados. Finalmente, não tendo mais o que comer, devorou a si próprio.

A lição deste mito é claríssima: quem dispuser indistintamente e sem limites dos recursos da natureza, acabará devorando a si próprio; quem diria, encontramos aqui uma visão de respeito ecológico que hoje, mal e mal, começamos a recuperar.

- A corça sagrada de Ártemis

Este outro mito conta-nos um episódio muito famoso, referente à guerra de Tróia. O comandante das tropas gregas, Agamêmnon, com todos os exércitos reunidos em Áulis, sentindo-se o mais poderoso dos homens, ousou desafiar a própria deusa Ártemis, protetora do sagrado da natureza. Esta tinha como animal predileto a corsa, devido ao fato de ser um símbolo de delicadeza e agilidade. O comandante adentrou seu bosque sagrado e matou-a, pelo puro prazer em desafiar o sagrado da natureza.

Ártemis foi implacável e exigiu, como reparação da morte injusta da corça, que Agamêmnon entregasse seu primogênito para ser sacrificado, que no caso era sua filha Efigênia. Assim, vemos, mais uma vez, o custo em desafiar e destruir inutilmente a natureza; isto custará nossos próprios filhos.

Os mitos representavam uma força religiosa fundamental, para impor limites aos desvarios do homem e para dar-lhe uma consciência ética de que a vida foi feita para ser glorificada e respeitada. Já que somos mortais e nos alimentamos da morte alheia, é nosso dever minimizá-la. E de nada adiantará ser vegetariano: mata-se do mesmo jeito para se viver.

Já a questão erótica presente nas sociedades arcaicas, referia-se ao modo de vida onde a paixão ocupava um primeiro lugar, sendo este o significado original da palavra "erótico". Tratava-se de uma visão onde vida e paixão eram uma e a mesma coisa. Não é demais recordar que isto sobreviveu nos Evangelhos da tradição cristã, onde lemos: a paixão de Cristo segundo São João, a paixão de Cristo segundo São Lucas etc. Este é o real significado de paixão, ou seja, uma glorificação da vida.

A grande transformação que encontraremos a partir daí é que esses valores, e o modo de vida dessas civilizações (particularmente a Grécia arcaica e o Egito), serão paulatinamente substituídos por uma "paixão" desenfreada pela conquista de objetos e bens materiais, mesmo que isso sacrifique vidas.

Nascem as sociedades mercantilistas, onde a razão, os interesses e as conquistas econômicas tornam-se seu objetivo principal. Isto já se delineia no chamado mundo helenístico, que surge a partir das conquistas de Alexandre Magno, e que ganhará força total a partir do Império Romano. Pode-se dizer, sem risco de exagero, que esse modelo se constituiu como a base de todos os estados modernos até os nossos dias, excetuando-se um breve período de renascimento do Ócio Criador na Idade Média (Salis, 2005).

Como é óbvio perceber, o papel do Ócio criador era fundamental nestas sociedades. *Viver para o que lhe proporciona o sentido verdadeiro de existir.* Poder criar a partir dos *próprios talentos elaborando a si mesmo no processo de recriar-se e recriar o mundo onde se está imerso.*

Explicado, ainda que de forma superficial, o que era uma sociedade mítico-erótica, passamos agora a abordar os conceitos centrais de nossa proposta, com a respectiva comparação de suas práxis no latim e no grego antigo; além disso, recorreremos às definições e funções correspondentes em português corrente, apontando sua apreensão/tradução simplista.

3. SOBRE *PSICAGOGIA*, *OTIUM* E ÓCIO.

A função essencial do Ócio *era* seu caráter *criador* (*Psicagogia*) na educação grega (*Paideia*) e assim permanecer como um valor durante toda a vida do homem grego. O desafio era formar um homem a partir do conhecimento de si e do outro, do que ele tem de melhor – seus talentos – e orientá-lo na descoberta e conhecimento de si, proporcionando-lhe um caráter individual e social de dignidade ética para alcançar o melhor de si e servir a polis (sociedade/mundo).

Ao contrário do que acontece hoje, o Ócio resguardava uma função essencial na educação que significava desenvolver a arte de conhecer a si mesmo (Psicagogia) e ao outro. Esta era a assim chamada segunda etapa da educação, sendo a primeira a Paideia propriamente dita (educação da coragem de ser verdadeiro). A segunda era a Psiqueia/Psicagogia (o conhecimento de si e do outro) e a terceira a Misteia (o conhecimento dos deuses e de seus mistérios), a transcendência.

QUADRO 1 – *PSICAGOGIA.*

Grego antigo	Latim	Português
Psicagogia **Conduzir à Psiquê, ou educar a Psiquê. É uma ação criadora e/ou contemplativa. É o célebre aforismo socrático: "Conhece-te a ti mesmo e então conhecerás os deuses".**	**Otium** **Sêneca: o Ócio é criador e contemplativo. Procura retomar o pensamento socrático cinco séculos mais tarde.**	**Ócio** **Confunde-se com mero tempo livre de obrigações, lazer e diversão.** **Retoma o sentido do final da Idade Média e passa a ser condenado como imoral e inútil.**

Fonte: apropriação a partir de Stamatákou (1972)

A Paideia era, de maneira geral, uma etapa da educação que ia dos 14 aos 28 anos e preparava o futuro cidadão para um estilo de vida que se prolongaria durante toda a sua existência. Os Simpósios, atividade constante das irmandades ou *fratrias* (fraternidade) na casa dos mestres, são um exemplo eloquente do uso criador e contemplativo deste tempo social (ócio/Psicagogia) voltado à busca de si, do outro e do sentido da existência. Vale ressaltar que estas atividades se prolongavam por toda a vida e não se restringiam apenas à educação do jovem. Por outras palavras, a Paideia era a única educação verdadeiramente continuada de que se tem notícia na história da humanidade.

Michel Maffesoli (1985), em sua obra "A sombra de Dionísio ou Contribuições para uma sociologia da orgia", estabelece claramente uma distinção fundamental entre o social e aquilo que ele chama de "societal", onde o verdadeiro tempo social é uma celebração da vida e dissolve o individual no orgiástico da comunidade.

Estamos aqui frente a frente com o significado original do aprendizado sobre um conceito tão em voga em nossos dias que é o de "tempo social". Este conceito perdeu seu lugar com a educação sistemática, restringindo-se a atividades muitas vezes ligadas ao lazer, ou então como uma forma de continuar as obrigações pessoais e profissionais.

É a oposição entre o *dionisíaco* e o *prometeico*, onde o primeiro representa esta dissolução do individual no "societal" e o segundo nos remete ao mito de

Prometeu como o "deus civilizador do homem através do trabalho". Esta é sem dúvida uma glorificação do trabalho como a única forma de se alcançar a dignidade enquanto o *dionisíaco* representa a decadência "orgiástica".

Mas trata-se aqui da retomada da ordem orgânica – a *orgia* em seu significado original. Não por acaso temos os seguintes derivativos no grego antigo:

Órgio – conduta natural. Degenerou para orgiástico no mundo judaico cristão desde os tempos romanos onde o dionisíaco foi identificado com a decadência moral e sexual.

Órganon – ordem natural. Significa órgão em grego.

Orgía – conduta em comum. Orgia, que se identificou com as bacanais romanas.

Organismós – a ação do corpo idêntica à ação comportamental. Na modernidade simplesmente "organismo".

Percebe-se claramente que já nos tempos romanos há uma deturpação irreversível até os dias de hoje dos significados e condutas originais. Desse modo, orgia e orgiástico passam a descrever condutas instintivas e degeneradas do tempo social.

Verifica-se aqui que no lugar de indicarem, como era na sua origem, uma busca em direção à compreensão e adequação da conduta à ordem imposta pelo organismo, degeneram numa conduta instintiva no seu sentido mais primitivo. Orgiástico ganha um significado confuso onde a sexualidade desvairada substitui o êxtase e o social dionisíaco.

Da mesma maneira, percebe-se que no caminho da evolução da palavra *instinto* em direção à ética, num processo de educação e aperfeiçoamento do mesmo, este é abandonado e transformado. Este caminho seguia os seguintes passos:

"Enstos" – instinto cego. Desconhece o bem e o mal e o respeito à vida.

"Estos" – sentimento – é o que tratamos como *estima* em português. *É o instinto depurado em sentimento que celebra a vida, pois aprendeu a precisar do outro para viver e não mais para servi-lo em lauto banquete na sua mesa.*

"Ethos" – ética – É o sentimento aperfeiçoado para se aproximar do divino.

Observe-se aqui que se trata de uma depuração e aperfeiçoamento do instinto e não de sua castração. A estrutura linguística é brilhante e a revela com perfeição: da primeira palavra retira-se o "n", e da segunda o "s". Esta simplificação revela uma elevação do instinto em direção à ética. Os antigos chamavam-na de "Ethagogia": condução em direção à ética, ou simplesmente educação ética.

Estamos aqui descrevendo as etapas a que Nietzsche (2007) se referiu em sua obra "Aurora", sobre a educação ética na Paideia por oposição à educação racionalista – ou iluminista – da modernidade. É que educavam antes o instinto e depois a razão – daí o esplendor desta civilização.

Sêneca, no início da era cristã, retoma o conceito original de Ócio em toda a sua amplitude. Além de abrir as portas para o conhecimento de si e do outro, ele é contemplativo (aproxima o homem dos deuses) e criador. Ou seja, revela e realiza o que temos de melhor: nossos talentos para transformar-nos em obras de arte e tornar-nos semelhantes aos deuses.

A visão moderna do ócio confunde-se com diversão, tempo vago e inutilidade, sendo evidente sua condenação como uma forma do homem afastar-se de suas obrigações sociais e religiosas. São famosas as frases: "Deus ajuda a quem cedo madruga", "O trabalho enobrece o homem; já o Ócio empobrece." É por demais conhecida a origem das palavras e das atividades "negócio-negociante": negadores de ócio - negociantes.

QUADRO 2 - *SHÓLACIS*

Grego antigo	*Latim*	*Português*
-Shólacis Significa "dispensa das obrigações" – que em grego é: "*Shólio*" – daí também se derivou escola – "*Sholío*" – que é seu oposto e significa ocupar-se para aprender. Note-se que a simples mudança na acentuação inverte seu significado. É importante demarcar que *Sholío* e *Skolé (usado como origem de ócio)* possuem o mesmo significado.	Licere ou Desidia: Significa diversão, intervalo, recreio. Mantém o significado de "dispensa das obrigações" e passa a designar o lazer.	Lazer: confunde-se com Ócio e diversão. Consolida os costumes romanos sobre o lazer, mas a cristianização posterior passa a condenar a sua aberta realização.

Fonte: apropriações a partir de Stamatákou (1972)

4. SOBRE AS POSSIBILIDADES DO TRABALHO PARA ALÉM DAS SIMPLIFICAÇÕES

Iniciamos por apresentar o quadro abaixo com palavras diversas que conteriam em si significados do que representam formas e apreensões do "trabalho" no âmbito das possibilidades humanas:

QUADRO 3 – SOBRE AS CATEGORIAS ATRIBUÍDAS AO TRABALHO

Grego Antigo	Latim	Português
Douleia – Trabalho servil. Não é originariamente um trabalho de servos, mas as obrigações da sobrevivência que temos de cumprir. Passa a designar a partir do séc. V a.C. o trabalho servil também.	Tripalium. Era um instrumento de tortura para obrigar os servos a executar as tarefas exigidas. Tripalium originou a palavra trabalho. É uma atividade dos plebeus ou dos servos.	Trabalho. Mantém o significado latino e torna-se praticamente sua única forma de expressão no mundo desde o período romano até os nossos dias. A igreja procurou valorizá-lo, mas sem atingir a nobreza e as classes abastadas.
-Erga – Trabalho criador e/ou contemplativo. Está voltado à realização dos talentos e a servir os deuses, tornando o homem semelhante a eles. Não tem finalidade lucrativa, mas permitir ao homem mostrar o que ele tem de melhor para si, para os outros e para ofertar aos deuses.	Cógito – Muda o significado para "pensamento". Agora a ênfase é para o racional. É o início da ditadura do racionalismo e da lógica como atividades nobres.	Trabalho (pouco usado) Sem correspondência exata; apenas derivados – Demiurgo, ergonomia, por exemplo. É mantida a ênfase latina e racionalista do Iluminismo.

Grego Antigo	Latim	Português
-Athlos: Luta em busca da Aretê – mérito. O melhor exemplo são os 12 trabalhos (athloi) de Hércules, onde o objetivo fundamental é a construção do homem obra de arte, ético e criador. Aqui a força física sempre fracassa frente à sabedoria de Atená, a inteligência de Hermes e a força de Eros. O herói domina a força física pela progressiva conquista da sabedoria.	Pugna laboral. Sem correspondência exata. Agora a ênfase é o "trabalho duro" e Hércules é apresentado como um super-homem, com força descomunal e tudo vence graças a ela.	Trabalho. Sem correspondência exata; apenas derivados – atleta, atletismo etc, com significação de preparação e disputa física, tão somente. Os mesmos valores latinos são mantidos e a força física passa a representar o herói.
-Ágon – Superação dos limites. Busca para estar à altura dos deuses. Agónes – Competições Olímpicas. Jogos Olímpicos em grego: Olimpiakoús Agónes.	Ângor - sofrimento. Sem correspondência exata.	Sem correspondência exata; apenas derivativos – agonia. Sinônimo inadequado: jogos, lutar, competir.
-Áskesis – exercícios para a elevação do caráter; físicos, psíquicos e espirituais. Muito próximos das tradições orientais da ioga, tae kwon do e tai chi huan. São exercícios de autocontrole para dominar as vontades e os caprichos. "Calar as vozes mentais e emocionais". Pitágoras	Ascese: Muda o significado para a busca somente espiritual. Representa uma reação à decadência moral e sexual do mundo romano. Sofre influência dos estoicos e do cristianismo inicial.	Ascese: Mantém o significado latino, enfatizando o desprendimento material, com ênfase ao controle moral e sexual defendido de modo fanático pela igreja, que vê na mulher uma fonte perigosa de desejo e descontrole.

Grego Antigo	Latim	Português
-Gýmnasis – exercícios para desnudar o corpo e revelar a psiquê. Ter a coragem de ser verdadeiro e assim se revelar – daí o desnudar como exercício supremo da virtude (Aretê). Gymnásio – local para aprender a ser verdadeiro e assim se expressar; ter a coragem de ser. Gymnós - "Ficar nu": a aparência deve coincidir com a essência e tudo revelar.	Exercitium: muda o significado para exercício físico e mental em geral. A ênfase passa a ser exclusivamente "mens sana in corpore sano". Mente sã em corpo são, onde mente é a razão e o corpo o físico a treinar e dominar.	Ginástica: copia o significado para exercício como no Latim. Dá origem ao ginásio – sinônimo de escola. Identifica-se com aprendizado meramente cognitivo e treinamento físico do corpo, mantendo a definição romana.
-Heiragogia Condução criadora das mãos. Heir- mão. Agogia- condução. Daí "Heirúrgos" – criador através das mãos. Derivou "cirurgião".	Manus ópera – Trabalhos manuais – são fortemente desvalorizados como pertencentes à classe operária.	Trabalhos manuais – Fazer com as mãos. Recentemente foram revalorizados como terapia ocupacional.

Fonte: Stamatákou (1972)

Passamos agora a alguns comentários com relação ao quadro exposto:

-Erga – Trabalho criador e/ou contemplativo.

O termo está voltado à realização dos talentos e a servir os deuses, tornando o homem semelhante a eles. É clara sua oposição à "Douleia" – trabalho servil ou de obrigação. Esta divisão do conceito de trabalho em duas vertentes opostas desaparece já no Império Romano e prevalecerá até os nossos dias. O trabalho criador e/ou contemplativo passa a ser desvalorizado ou ironizado a partir daí, sendo respeitado apenas em notáveis exceções: grandes pintores, músicos, escritores, filósofos etc.

De todo modo, pertence a pessoas excepcionais e não é mais um atributo a ser alcançado e desenvolvido na formação e educação de todos os cidadãos. Ao contrário, as artes em geral – música, teatro, dança e mesmo a filosofia – foram condenadas pela igreja e vistas de forma negativa quanto ao uso deste tempo social. Artistas e pensadores são pessoas de reputação suspeita para dizer o mínimo, e esta mentalidade prevalece em certa medida até os dias de hoje, embora já atenuada. Mas é inequívoco o modo como são desvalorizados especialmente porque suas atividades não são lucrativas (Sic). Aqui, mais uma vez, se evidencia a negação do Ócio – o negociante – e a valorização das profissões voltadas ao lucro (capitalismo) ou ao trabalho "útil" (socialismo) onde a arte "não passa de uma atividade burguesa" (Sic).

Finalmente é importante ressaltar que o termo Erga – atividade criadora na Grécia antiga - é alterado para Cógito em Latim onde muda o significado para "pensamento". Agora a ênfase é para o racional. Descartes imortaliza esta passagem através de seu "Cógito, ergo sum!" Penso, logo existo! Desse modo o pensamento (Razão) passa a designar a existência – e não mais o ato criador.

Nas línguas neolatinas e com o advento das sociedades mercantilistas, esta atividade passa apenas a designar trabalho obrigatório para a sobrevivência. Restam apenas derivados – demiurgo, ergonomia, por exemplo. É mantida a ênfase latina e racionalista do Iluminismo. Não é demais acrescentar que trabalho retoma o sentido latino de escravidão para a sobrevivência.

- Athlos: Luta em busca da Aretê – mérito.

O melhor exemplo são os 12 trabalhos (athloi) de Hércules, onde o "atleta" deve vencer desafios externos e internos, para a formação e a consolidação de seu caráter incorruptível.

Já em latim o sinônimo utilizado é "pugna" ou "labor", que significa meramente luta ou trabalho sem qualquer referência à busca da Aretê e, principalmente, ao ideal de assemelhar-se aos deuses. Mais ainda, afasta-se completamente do ideal "atlético helênico", que era o caminho do aperfeiçoamento para se tornar um herói.

Em nossa língua é traduzido como "trabalho" tendo apenas derivados: atleta, atletismo etc, com significação de preparação e disputa física, tão somente. Mais uma vez, perdeu-se de vista uma atividade das mais importantes consagradas ao Ócio criador: o atletismo, em sua expressão original: um exercitar-se contínuo para o aperfeiçoamento simultâneo do corpo, da psiquê e do espírito em direção ao caminho do herói para assemelhar-se aos deuses. Isto envolvia por excelência a formação do homem obra de arte, ético e criador.

- Ágon – Superação dos limites. Busca para estar à altura dos deuses.

Esta era uma das atividades mais consagradas do Ócio criador e reservada aos jovens que poderiam assim mostrar estar à altura do reconhecimento divino. Era por excelência o caminho do herói, que em grego pode ser traduzido como a busca e o merecimento do sagrado.

Sua melhor expressão estava nas competições Coríntias (a mais antiga de todas, datando do séc. XIII a.C.), Olímpicas, Délficas, Panatenaicas e outras. Chegaram até nós as Olímpicas, mas é necessário ressaltar que havia outras de igual importância e significado: Estar à altura dos deuses.

Foram erroneamente traduzidas como jogos, o que evidencia seu enorme empobrecimento na modernidade, pois agora prescindem de seu caráter ético e de honrar o divino. Note-se a tradução correta abaixo, que não é mera erudição, mas designa uma conduta e uma postura ética das mais elevadas por parte do jovem, sendo esta a razão pela qual ele devia se apresentar totalmente nu, pois sua beleza exterior revelava seu interior; não tinha nada a esconder.

Agónes – Competições Olímpicas.

Jogos Olímpicos em grego: Olimpiakoús Agónes (superação dos limites para alcançar o Olimpo). Esta seria a tradução mais aproximada.

A tradução inadequada para o latim é "Ângor" – sofrimento - que está longe de revelar seu verdadeiro significado. Nas línguas neolatinas a situação somente se agravou, pois somente encontramos o sinônimo "agonia". Alguns sinônimos também reduzidos seriam jogar, lutar, competir.

- Áskesis – exercícios para a elevação do caráter: físicos, psíquicos e espirituais.

Ascese: Frequentemente identifica-se com as práticas de meditação e contemplação típicas da tradição oriental.

Na modernidade mantém o significado latino, enfatizando o desprendimento material, afastando-se dos exercícios físicos e espirituais. Somente as tradições orientais mantêm-se fiéis a este exercitar que vai da luta à meditação e contemplação, como por exemplo, o tae-kwon-do, tai-chi-huan etc.

Finalmente Ascese assume um forte caráter moral e mesmo religioso de purificação. Ascético passa a identificar o indivíduo "puro", que não se deixa macular pelos "maus costumes da carne".

- Gýmnasis – exercícios para desnudar o corpo e revelar a psiquê.

É a base da Paideia voltada à coragem de ser verdadeiro e assim se revelar – daí o desnudar como exercício supremo da virtude (Aretê). O que está no interior do ser deve ser idêntico ao exterior e desse modo é uma honra poder desnudar-se.

O Gymnásio era o local por excelência para se aprender a ser verdadeiro e assim se expressar. É o conceito arcaico de honra e ter a coragem de ser. Sobreviveu até nossos dias com as expressões: "Não tenho nada a esconder. Estou de peito aberto e de cabeça erguida". O conceito de "Gymnós" significa "ficar nu", onde a aparência deve coincidir com a essência e tudo revelar. Tocamos aqui novamente no conceito arcaico de coragem.

Além disso, estes exercícios praticados no Gymnásio se estendiam ao teatro, o canto e a dança, transpondo os limites da Paideia juvenil e adentrando na vida adulta como práticas por excelência do Ócio criador.

Teatro: é parte integrante tanto da educação do jovem como dos ritos cotidianos consagrados a Dionísio. Os exercícios de expressão eram considerados parte essencial da civilidade e parte das cerimônias dedicadas ao deus Dionísio.

O canto e a dança: também eram partes essenciais da educação do jovem e integravam os rituais e as expressões cotidianas de consagração aos deuses. A comemoração (co-memoriam) era uma recordação mítica do tempo em que homens e deuses viviam lado a lado – daí significar "memória de algo". Por outras palavras, reedita-se aqui, na comemoração, o mito do paraíso perdido onde nada nos falta e tudo é fartura, alegria e saúde - e daí decorre o brindar multimilenar: Saúde!

Em latim passa a ser denominado "exercitium" mudando o significado para exercício físico e mental em geral.

Já na modernidade é chamado de "ginástica", copiando o significado para exercício, como no latim, dando origem ao ginásio – sinônimo de escola – e identifica-se com aprendizado meramente cognitivo ou exercício físico.

- Heiragogia

Finalmente, temos a arte do fazer/realizar através das mãos. Heir – mão; Agogia – condução.

Consideradas atributo criador de Apolo – designadas como "Poios", as artes manuais eram consideradas tão elevadas como o belo. A música e a poesia, daí derivam também. Nas apropriações recentes, as Artes Manuais, lamentavelmente tornaram-se meramente "trabalhos manuais" e a poesia foi para o âmbito de "coisa de diletantes e sonhadores", portanto, integram o quadro das inutilidades, estas na verdade, tão necessárias e úteis à existência do homem equilibrado.

5. SOBRE ÓCIO CRIADOR – ENCAMINHAMENTOS GERAIS

Encontramos na história que o Ócio enquanto potencialidade criadora só acontece quando há a consciência de que é fundamental perceber o tempo enquanto elaboração de si. O tempo é real enquanto existir o homem que lhe dá sentido - poderíamos dizer numa perspectiva heideggeriana.

A experiência de ócio começa a se tornar possível quando nossa consciência nos orienta a gastar esse tempo que temos como fruto de nossa ação, e não apenas com finalidade lucrativa.

Salis (2008) orienta que gastar tempo não gera lucro, mas é a única forma de podermos instalar uma busca criadora em nós e nos outros, onde é possível a recriação e a reconstrução. E não se trata de ideais quiméricos intermináveis, onde passamos a vida buscando conquistas e mais conquistas, que nunca chegam ao fim, mas de conquistas do presente, da própria realidade que vivemos (em Cuenca & Martins, 2008).

Atitude muito rara em nossos tempos, pois segundo Aquino e Martins (2007), a educação da qual aprendemos nossos valores não nos orienta para um ser e estar num tempo de nada fazer. Nosso melhor exemplo nos leva ao mercado de trabalho durante um mínimo de 8 horas diárias. Depois disso, investe-se no consumo de coisas, onde estas falam de nós, traçam nossas identidades e nos classificam em segmentos do mercado de consumo.

Na realidade, adquiriu-se uma adição ao trabalho sem limites, nos tornamos viciados em justificar a vida pelo trabalho e depois disso no consumo numa forma que a cada tempo vem se tornando massacrante de forma que, como caracteriza Salis (2005), a arte de gastar tempo, de encontrar tempo é bastante difícil.

6. PARA CONCLUIR O CAPÍTULO, MAS NÃO A DISCUSSÃO

Ao observarmos as questões postas para este trabalho, percebemos que na realidade a prática do ócio, para além de seu fim em si mesmo, carrega em si algo de muita utilidade em nossos tempos conturbados. Poderia se dizer que o "ócio" seria uma experiência ou uma atividade gratuita que em nosso tempo seria direcionado à evolução do ser humano, de modo que este conquiste sua harmonia de viver e não corra o risco de passar pela vida em vão.

Seguimos em buscas existenciais, sim. O estilo de vida que adotamos com a ausência de nós em nós mesmos, nos leva a vazios cujos sintomas indicam a necessidade de presença. Hoje isto está demarcado na falta de sentido da vida dos sujeitos, expressos em termos como "vazio existencial, depressão, solidão, desencontro, tédio" - e um sem fim de doenças e síndromes psicossomáticas.

É que ninguém mais tem tempo para essas coisas "inadiáveis", como a arte de viver, de evoluir e tornar-se criador através de um tempo experimentado com sentido, apenas possível com o mais puro ócio. Mas, estamos todos ocupados enganando-nos que não há tempo para essas bobagens; afinal "tempo é dinheiro".

Como podemos observar, a passagem das sociedades mítico-eróticas para as mercantilistas consumistas tem custado muito caro à condição humana. Além disso, esse "modus vivendi" está produzindo um planeta insustentável para as futuras gerações.

Resta-nos apelar para o que de essencial existe em nós como condição humana, que convoca a função do Ócio criador em seu sentido social por excelência: ensinar o homem a viver numa ética voltada para a vida digna.

EPÍLOGO:

SOBRE A DIFÍCIL ARTE DE ESTAR EM PAZ COM OS DEUSES E COM OS HOMENS: REFLEXÕES SOBRE A SAÚDE, O TRABALHO E O ÓCIO CRIADOR

É sabido de todos nós como é fácil estar em paz com os homens; basta fazer toda sorte de concessões. Goethe, em sua obra imortal "Fausto", mostrou-nos como os homens são capazes de "vender a alma ao diabo", para conseguir sucesso, dinheiro e poder. Talvez não haja fraqueza humana maior do que a vaidade, e ela acaba se tornando seu cadafalso. Vender a alma não é senão aquilo que está expresso no famoso jargão "tudo pelo social". Abrimos mão de nós mesmos, para sermos aceitos e conseguirmos o que desejamos, sendo esta a mais grave falsificação do ser. Já estar em paz com Deus (ou com os deuses, como diziam os antigos), é bem mais difícil, uma vez que requer um compromisso inalienável com a ética e com a verdade.

A coragem de morrer em defesa do único mandamento da vida - nascer, viver e morrer com dignidade e honra - foi brilhantemente abordada na obra de Sófocles, "Antígona". Na peça, ela deve enfrentar a proibição do rei Creonte em enterrar seu irmão, que fora declarado inimigo da cidade; quem o fizesse seria condenado a morrer apedrejado. Antígona enfrenta a ordem real e enterra o irmão, mesmo assim. Quando é presa, é levada ao rei que lhe pergunta:

"Como ousaste desobedecer a um edito real? "Ao que ela respondeu: "Não te pertencem as leis da vida e da morte; o direito de nascer, viver e morrer com dignidade e honra é divino e universal. Antecede os reis e os homens. Não é de hoje, não é de ontem que estas leis vigem, sem que ninguém saiba de sua origem. São cósmicas e pertencem à noite dos tempos".

"E se eu tiver que escolher entre estar em paz com os homens e as suas leis, ou estar em paz com os deuses e suas determinações, mesmo que isso me custe a vida, prefiro estar em paz com os deuses e a impávida verdade e dignidade.".

E assim, Antígona enfrentou a morte, com uma coragem de ser que nos faz inveja. Esta é a verdadeira força do heróico feminino, que está disposto a morrer para preservar a dignidade de tudo o que a vida representa, inclusive o ato sagrado de devolver à terra um morto. Vemos ainda em sua outra resposta a força da heroína:

"Não me cabe julgar os atos em vida de meu irmão; a mim cabe enterrá-lo com a dignidade exigida pelos deuses. E não será você, com todos os poderes reais, que poderá ter a presunção de estar acima deles. Nasci para o amor e para cumprir as leis da vida e da morte. Cabe a mim apenas devolvê-lo aos deuses pois eles o julgarão".

Este pequeno exemplo de dignidade e honra apenas mostra-nos como a modernidade afastou-se dos princípios da vida e como esqueceu de honrá-los. Que dirá então em celebrá-la? A alegria de viver e dedicar nosso tempo glorificando-a estão quase esquecidos; não temos mais a menor idéia do que seja gastar nosso tempo eroticamente, ou seja, na concepção arcaica de viver com alegria e paixão.

O Ócio Criador buscava esse caminho, criando um homem que pensasse por conta própria, e que tivesse a coragem de realizar a si próprio, sem prejudicar os outros. Como incomoda-nos uma pessoa alegre e feliz e que vive apaixonada. A inveja e o rancor logo se instalam, e fazemos com ela o mesmo que fizeram com Cristo. Matamos (ou execramos, é a mesma coisa), e depois lhe erguemos uma estátua ou uma igreja para adorá-lo. Mas, viva, ela é insuportável.

Assim fizeram os homens com Dionísio, com Orfeu e Eurídice, com Isis e Osíris, para citar alguns. Como vemos, a história de Cristo nada tem de original; é a continuidade de um vício muito antigo da humanidade – esse de matar o Messias para depois adorá-lo. É que ele denuncia nossa miserável condição frente ao nobre, justo e belo, e por isso não o suportamos vivo.

O grande desafio proposto está na arte de recuperar o Ócio Criador e sua função no trabalho e para a saúde, não apenas para temperar nossa ganância em ter mais e mais, mas para encontrar os meios para uma vida plena. Seu maior desafio é a utilização de nosso tempo para a prática do nobre, justo e belo, ou seja, para a valorização da vida, em todas as suas formas e possibilidades.

O Ócio Criador não pode e nunca poderá estar a serviço dos interesses de terceiros, sejam eles o Estado, as empresas etc. O Ócio Criador tem por finalidade criar homens livres, que têm o "péssimo" costume de pensar por conta própria, mas privilegiando a dignidade e a honra de viver. Almeja construir os verdadeiros homens "obra de arte éticos e criadores", a partir de seus talentos e potenciais, ou seja, a partir da descoberta e evolução de seu eu verdadeiro e da coragem de ser. Aí está o grande desafio para o trabalho e a saúde no século XXI.

GLOSSÁRIO

É preciso que se tenha em conta a extraordinária complexidade da língua grega para termos que são extremamente simplificados em nosso vernáculo. Como exemplo, citemos aqui a questão dos talentos, uma vez que este termo é descrito em grego de muitas formas com suas respectivas nomenclaturas, apresentando nuances que não cabem aqui discutir. Desta maneira, trataremos estas diversas nomenclaturas como sinônimos em nossa língua. Assim sendo, *doxa*, *carisma*, *kleises* e *aretê* cabem nessas considerações.

Civilidade: Trata-se da mais elevada forma de conviver e respeitar seus semelhantes. Este conceito alcançou sua mais elevada expressão e definição na obra de Platão – particularmente em "A República". É o antípoda da violência, do pré-conceito e da intolerância.

Coragem de ser: É definido como o conceito de honra, ou seja, a partir do momento em que o indivíduo adquire algum conhecimento de si passa a exercê-lo como fundamento de sua conduta. Desse modo, a coragem de ser nada mais é do que o conhecimento e a revelação de si para o mundo e para o outro.

Ética x moral: esta é uma confusão que se faz com muita frequência na modernidade e vale a pena aqui esclarecê-la. A moral se refere aos costumes que variam de cultura para cultura e época para época. Já a ética é universal e atemporal, pois refere-se ao direito inalienável e eterno de nascer, viver e morrer com dignidade e honra. Por outras palavras, toca o direito de ser que não nos pertence; a nós cabe apenas obedecê-lo.

Plenitude: O termo correto grego seria "eudaimonia". Por incrível que pareça, a língua grega tem mais de 400 mil vocábulos, sendo a mais rica do Ocidente e, no entanto, não tem um correspondente à palavra "felicidade". Por mais incrível que isto possa parecer, os antigos gregos abominavam este conceito, associando-o com idiotice, ou um estado de inconsciência. Desse modo, a palavra plenitude significa a coragem de realizar a si próprio mesmo que isso custe um enorme sacrifício – e geralmente isso ocorrerá. Assim, a ideia de felicidade como realização de si mesmo onde todo o esforço cessa é inconcebível para o pensamento helênico. Na verdade, plenitude se refere a um estado de esforço pleno para a realização de si mesmo sendo irrelevante o sacrifício que isso possa custar - muito ao contrário, este é muito bem vindo.

Educador: Entende-se como toda pessoa real ou virtual que interfira e participe de modo mais ou menos constante na formação e no cotidiano do jovem. Isto significa que aí deverão estar incluídos os professores em geral, os pais, amigos e familiares, além do imenso mundo virtual a que a criança está exposta e com o qual interage. Entenda-se por isso as redes sociais, a Internet em geral, o vídeo game, a televisão etc. Finalmente, não se deve de modo algum menosprezar o mundo real paralelo ao qual o jovem está exposto desde a infância e com especial intensidade a partir da adolescência: os amigos, colegas e toda a sorte de interferência social, seja ela positiva ou negativa.

Verdade: Em grego *aletheia* – significa o inesquecível, ou seja, é o que está no interior de cada ser. Quando falamos em descobrir e realizar os talentos de cada jovem estamos formando-o a partir de sua verdade essencial.

Formação do homem obra de arte, ético e criador: Formar um homem de longa data significa educá-lo, mas no que consiste isso? A modernidade entendeu que formar um homem seria possível a partir da aquisição de um cabedal de conhecimentos e que estes o aparelhariam para viver e consolidar-se.

Trata-se de um ponto de vista estreito que responde por uma pequena parte das necessidades do homem – ter uma profissão para sobreviver.

Quando falamos em formar um homem obra de arte, ético e criador estamos resgatando um paradigma arcaico, porém eterno e fundamental, onde a construção do homem necessita de valores fundamentais ao direito de ser que o simples conhecimento jamais conferirá, e, mais ainda, é preciso construir o homem a partir do que ele tem de melhor de si mesmo (seus talentos); não esquecendo, porém de que estes talentos não podem custar o direito de ser alheio, ao contrário, devem corroborar com ele.

***Gymnasium*:** Derivou o nosso tão conhecido ginásio, parte essencial da educação assim chamada fundamental. Na realidade, deriva do radical "gymnos", que significa ficar nu. É claro que não estamos falando de uma nudez física, mas de uma nudez de alma. Gymnasium era o local onde os jovens aprendiam a se desnudar, ou seja, aprendiam a não ter nada a esconder (mentir) e assim conquistavam um dos preceitos mais importantes da Paideia: não tinham nada a esconder, ou seja, seu interior era idêntico ao seu exterior, sendo este o conceito supremo de estética e verdade na Antiguidade grega. A beleza exterior deveria refletir plenamente a beleza interior e em nada poderiam divergir. Estamos aqui falando do conceito arcaico de verdade suprema.

Aretê: Refere-se à formação do homem obra de arte, ético e criador. Pode-se traduzir como excelência e como a arte de tornar-se o melhor de si a partir de si mesmo (seus talentos).

Maiêutica: Da raiz grega "Mayá", derivou em nosso vernáculo "magia" e originalmente se refere a encantamento. Afinal, magia e encantamento são sinônimos de longa data conhecidos. Maiêutica quer dizer a arte de encantar e também o "borbulhar, fermentar" que se produz em nossa alma quando nasce uma dúvida e/ou uma interrogação. Por outras palavras, estamos falando aqui da arte do encantamento que nos causa quando somos inquiridos sobre algo que nos desafia e nos excita. Estamos falando aqui da essência da questão socrática, ou seja, a educação somente será possível a partir da excitação da dúvida e do encantamento. O jovem somente aprende aquilo que o excita e o apaixona; todo o resto está condenado ao fracasso.

Daimon: conceito arcaíssimo o qual designava o gênio imortal que nos habita e exigia a realização de nós mesmos a partir do que tínhamos de melhor, ou seja, de nossos talentos e do desenvolvimento de nossas capacidades. Esta palavra sobreviveu até os nossos dias transfigurada na palavra gênio, pois até hoje é comum ouvirmos o seguinte comentário, quase sempre negativo: "esta pessoa tem um gênio...". Como se gênio fosse sinônimo de pessoa caprichosa e difícil de lidar. Na verdade, *Daimon* significava o que há de mais essencial em cada ser – podemos dizer o âmago de sua personalidade e suas capacidades, sendo que a tarefa do mestre era não apenas de descobri-la, mas principalmente desenvolvê-la e torná-la o fio condutor da personalidade de cada um.

***Anthropos*:** Palavra essa construída a partir do prefixo "anth" e da raiz "thropos". Esta segunda sobreviveu em nosso vernáculo na forma de vários derivativos, tais como: heliotropismo, entropia etc. Seu significado é: forma de, maneira de, capacidade de. Já o prefixo "anth" refere-se ao superior, ao espiritual, até mesmo ao divino. Dessa maneira, "anthropos" quer dizer: a capacidade de evoluir, de olhar para o alto, de superar a brutalidade e a barbárie e consolidar a civilidade – objetivo máximo da educação.

Carisma: Advém diretamente do grego significando graça ou dádiva concedida pelos deuses a alguém. Isto quer dizer que recebemos ao nascer dons ou graças divinas e estas constituirão a essência de nossa personalidade e assim devemos com elas nos aprimorar e conduzir nossas vidas, uma vez que estas dádivas eram concedidas na tradição antiga para que pudéssemos não apenas realizar o melhor de nossa existência e, como está escrito em nossa Bíblia, pudéssemos nos tornar através delas a mão de Deus. Assim compreendemos que carismas não são nada além de talentos e possibilidades que recebemos ao nascer, mas que não tem por finalidade o benefício próprio, e sim a construção de um mundo melhor.

Kleises: Tendência, fechamento ou talento. Daí derivaram desastrados conceitos na língua portuguesa para o inferno de nossas crianças: ênclise, mesóclise e próclise. Literalmente, em direção à tendência, no meio da tendência e antes da tendência. Quem jamais entendeu esses absurdos da assim chamada educação? Na verdade, "kleises" se refere ao desafio que temos em descobrir e desenvolver as tendências de cada jovem e formá-lo a partir das mesmas, não apenas para um desempenho profissional, mas principalmente para que ele delas possa se valer e ter uma vida digna e honrada.

Doxa: esta palavra foi objeto de inúmeros mal entendidos, sendo vulgarmente traduzida do grego para os dialetos latinos como opinião. Nada mais errôneo, embora a rigor a palavra opinião possa ser aplicada. Isto porque, *Doxa* se refere precisamente a pendor, tendência ou inspiração. Portanto, não estamos aqui nos referindo a uma opinião vulgar, do tipo eu acho, tu achas, ele acha. Doxa refere-se a uma visão de mundo que está no âmago da personalidade de cada um e na essência de seus talentos. Por exemplo, seria inútil esperar que a visão de mundo de um poeta coincidisse sobre um mesmo assunto com a de um engenheiro – e, no entanto, ambas tem o seu valor e não podem ser reduzidas ao domínio de uma simples opinião. É por isso que dizemos que *doxa* é uma visão de mundo a partir da essência do ser de cada um.

REFERÊNCIAS BIBLIOGRÁFICAS

Apollodórou. (1984). *Bibliothéke.* Atenas: Ed. Afon Tolidi O. E.

Aquino, C. A. & Martins, J. C. (2007). Ócio, lazer e tempo livre na sociedade de consumo e do trabalho. *Revista Mal-Estar e Subjetividade, 2*(7), p. 479-500.

Campbell, J. (1992). *As Máscaras de Deus.* São Paulo: Ed. Palas Athena.

Cuenca, M. C. & Martins, J. C. (Orgs.) (2008). Ócio para viver no século XXI. Fortaleza: As Musas.

Detienne, M. (1982). *Os Mestres da Verdade na Grécia Arcaica.* Rio de Janeiro: Jorge Zahar Editor.

Eliade, M. (1986). *Mito e Realidade.* São Paulo: Ed. Perspectiva.

Hermes Trimegistos. (1988). *Corpus Hermeticum- A Tábua de Esmeralda;* São Paulo: Ed. Hemus.

Hesíodo. (1986). *Teogonia; Trabajos y Dias; Certamen; Escudo*; Madrid: Alianza Editorial.

Jaá Torrano, A. (1996). *O Sentido de Zeus.* São Paulo: Ed. Iluminuras.

Jaeger, W. (1986). *Paidéia: A Formação do Homem Grego.* São Paulo: Livraria Ed. Martins Fontes.

Lipovetsky, G. (2007). *A felicidade paradoxal: ensaio sobre a sociedade de hiperconsumo.* Lisboa: Edições 70.

Maffesoli, M. (1985). A sombra *de Dionísio: contribuição a uma sociologia da orgia.* Porto Alegre: Zouk.

Nietszche, F. (2007). *Aurora.* São Paulo: Editora Escala.

Omérou. (1990). *Iliáda* (N. Kazantzakis, Trad.). Atenas: Ed. Didaktikón Biblíon.

Platão. (1974). *Diálogos-Mênon, Simpósio, Fedro; A República;* Rio de Janeiro: Ed. de Ouro.

Rispen, I. (1954). *Elleniké Mythologgia.* Atenas: Ed. Pergaminai.

Robert, F. (1988). *A Religião Grega.* São Paulo: Ed, Martins Fontes.

Salis, V. D & Salem, D. (2017). *Ócio criador x ganância: razões milenares para a nossa crise ética e econômica. São Paulo, Sattva Editora.*

____. Salis, V. D. (2017). *A criação segundo a mitologia grega.* São Paulo, Sattva Editora.

____. Salis, V. D. (2017). *Édipo: Messias ou Complexo? São Paulo, Sattva Editora.*

_____. Salis, V. D. (2017). *Educação através da mitologia grega: para formar jovens éticos e criadores. São Paulo, Sattva Editora.*

______. Salis, V. D. (2017). *Paideia nos 12 Trabalhos de Hércules: caminhos para formar um jovem ético e criador. São Paulo, Sattva Editora.*

_______. Salis, V. D. (2004). *Mitologia viva: Aprendendo com os deuses gregos a arte de viver e amar.* 2ª ed. São Paulo, Editora Nova Alexandria.

______. Salis, V. D. (2005). *Ócio criador, trabalho e saúde. São Paulo, Editora Claridade.*

______. Salis, V. D. (2008). Ócio: da Antiguidade ao Século XXI. In M. C. Cuenca & J. C. Martins (Org.), Ócio para viver no século XXI (p. 9-32). Fortaleza: As Musas.

_______. Salis, V. D. (2017). *Eros e Psiquê: a arte do encontro.* São Paulo, Sattva Editora.

Shuré, E. (1987). *Os Grandes Iniciados (8 vols.).* São Paulo: Martin Claret Ed.

Stamatákou, I. (1972). *Lexikón tes Arxaías Ellenikés Glóssis* (Dicionário da Língua Grega Arcaica). Atenas: Ed. O Foínix, E. P. E.

Thoukidídou. (1953). *Pindáro Apospásmata* (Píndaro-Fragmentos). Atenas: Ed. Papyros.

Vários autores. (1992). *Revista - La Puerta: La Tradición Griega.* Barcelona: Ed. Obelisco.

Vernant, J. P & Vidal-Naquet, P. (1988). *Mito e Tragédia na Grécia antiga - I e II.* São Paulo: Ed. Brasiliense.

Vernant, J. P. (1973). *Mito e Pensamento entre os Gregos.* São Paulo: Ed. da Universidade de São Paulo.

Vernant, J. P.. (1988). *A Morte nos Olhos.* Rio de Janeiro: Jorge Zahar Editor.